52 Bons Hábitos
DE GESTÃO, LIDERANÇA E RELAÇÕES HUMANAS

PARA VOCÊ INCORPORAR AO SEU TRABALHO

Rodrigo Vargas

52 Bons Hábitos

DE GESTÃO, LIDERANÇA E RELAÇÕES HUMANAS

PARA VOCÊ INCORPORAR AO SEU TRABALHO

Rodrigo Vargas

52 Bons Hábitos de Gestão, Liderança e Relações Humanas

Para Você Incorporar ao seu Trabalho

Última revisão/atualização em 2024.
Copyright © 2010 – 2024 - Rodrigo Vargas e seus licenciantes.
Todos os direitos reservados. Reprodução proibida.
Registro de direitos autorais na Biblioteca Nacional.
AVISO LEGAL NO VERSO DA PÁGINA.

AVISO LEGAL

1 - É proibida a reprodução deste livro, parcial ou integral, por qualquer meio, eletrônico ou físico, sem a autorização prévia e expressa do autor, conforme a lei brasileira nº 9.610/98, e demais leis de direitos autorais dos países onde este livro for adquirido. O não cumprimento destas condições pode levar a ações cíveis de reparação de danos, além das penas criminais cabíveis.

2 – Esforços razoáveis foram feitos para que as informações contidas neste livro estejam corretas e atualizadas (na data de sua produção), todavia, não há como garantir que não haja erros, equívocos, imprecisões, falhas ou omissões; inclusive, em decorrência do passar do tempo.

3. - Este livro tem o objetivo de divulgar informações de caráter genérico, de acordo com a experiência e conhecimento do autor, e não deve ser interpretado como consultoria ou determinação específica a você, ou ao seu caso, nem como garantia ou promessa de qualquer resultado.

Nota 1: Caso encontre algum tipo de erro, sua gentileza em informar através do formulário "Comunicar Erro", do portal GestaoIndustrial.com, será muito apreciada.

Nota 2: Devido às condições inerentes à internet, e/ou outras condições gerais, o portal GestaoIndustrial.com pode sofrer perda de dados, falhas eventuais, e interrupções temporárias ou não.

FICHA CATALOGRÁFICA FEITA PELO AUTOR

V297　　Vargas, Rodrigo

　　　　52 Bons Hábitos de Gestão, Liderança e Relações Humanas: Para Você Incorporar ao seu Trabalho / Rodrigo Vargas - Autopublicado pelo Autor, através do sistema de impressão por demanda, a partir de 2012. Impresso por Amazon.
　　　　260 p.; il.; 15,24 x 22,86cm (6" x 9")

　　　　ISBN-10: 1477489797
　　　　ISBN-13: 978-1477489796

　　　　1. Gestão. 2. Liderança. 3. Relações Humanas. I. Título.

　　　　　　　　　　　　　　　　　　　　　　　　CDD: 650
　　　　　　　　　　　　　　　　　　　　　　　　CDU: 658.3

Sobre o Autor

Rodrigo Vargas é Engenheiro Mecânico formado pela Universidade Federal do Paraná. É pós-graduado em Gestão Empresarial pela Fundação Getúlio Vargas, e pós-graduado em Engenharia de Manutenção Mecânica pela Universidade Federal do Paraná. Tem mais de 30 anos de experiência profissional, sendo mais de 20 dedicados a atividades de gestão e liderança, tendo trabalhado em renomadas empresas multinacionais, com vivência profissional internacional na Europa, Ásia e América Latina. É o criador e editor do portal GestaoIndustrial.com, onde disponibiliza gratuitamente, há mais de 15 anos, informações sobre os tópicos principais da Gestão Industrial, abrangendo as áreas administrativa, financeira, comercial e industrial; além de publicar no blog, dentro do portal, artigos relevantes nas categorias de administração geral, cultura organizacional, desenvolvimento profissional, liderança, marketing, planejamento estratégico, gestão de projetos, produtividade e qualidade. É também o criador e editor do blog internacional de gestão e liderança WithinManagement.com. Rodrigo obteve certificação *Black Belt* na metodologia Seis Sigma, certificação *Practitioner* em Programação Neurolinguística, certificação de Auditor Líder do Sistema de Gestão da Qualidade ISO 9001, e formação complementar em Docência pela Fundação Getúlio Vargas. Rodrigo Vargas tem vários livros publicados nas áreas de gestão, finanças, e cognição (ao final do livro há uma lista completa dos títulos). Em 2020, Rodrigo Vargas criou o canal Universo da Gestão, no YouTube, com os temas mais relevantes da gestão, em videoaulas.

Dedicatória

Aos meus colegas de trabalho que, por inspiração, apoio, ou desafio, me proporcionaram aprendizado e me fizeram ser um profissional melhor.

À minha mãe, cujo apoio foi sempre fundamental.

Sumário

Sobre o Autor 7
Dedicatória 9
Sumário 11
Prefácio 15
Cultivando Hábitos 19
1. Estabeleça metas e trabalhe para atingi-las! 27
2. Saiba ter equilíbrio emocional! 31
3. Esteja preparado para as mudanças! 39
4. Saiba como marcar reuniões eficazmente! 43
5. Solucione problemas! 47
6. Aprenda a dar ordens! 53
7. Exponha uma opinião contrária de modo inteligente! 61
8. Coloque as pessoas de sua equipe onde elas rendem mais! .. 64
9. Relacione tarefas a nomes! 68
10. Lidere reuniões! 73
11. Faça, pelo menos, um elogio por dia! 85
12. Demonstre sempre uma postura séria! 88
13. Saiba conviver com as críticas! 92
14. Saiba gerenciar eficazmente seu tempo! 95
15. Dê bons exemplos! 104
16. Prefira não criticar seu colega! 107
17. Não se envolva com fofocas! 110
18. Comemore as suas vitórias! 113
19. Evite discussões! 116
20. Seja justo! 125
21. Tenha um aperto de mão firme! 128
22. Assuma seus erros! 130

23. Peça *feedback* sincero! 133
24. Em reuniões, fale somente o necessário! 135
25. Não exagere no trabalho! 138
26. Faça um esporte! 145
27. Faça um trabalho voluntário! 148
28. Só prometa aquilo que você está certo de que poderá cumprir! 152
29. Avalie eficazmente sua equipe! 155
30. Tenha um plano de carreira! 159
31. Livre-se das perguntas embaraçosas! 162
32. Formalize o que é importante! 165
33. Fale em público! 168
34. Contorne os erros. Tenha foco na busca de soluções! 176
35. Saiba como chamar a atenção dos outros, quando errarem! 180
36. Entenda plenamente toda a pergunta que lhe for feita e pense antes de respondê-la! 183
37. Crie uma perspectiva positiva do futuro! 186
38. Alimente sua cultura geral! 189
39. Fale outras línguas! 192
40. Busque constantemente o autodesenvolvimento! 199
41. Motive sua equipe! 205
42. Apoie sua equipe! 212
43. Cumprimente com voz firme! 215
44. Respeite as normas internas da empresa! 218
45. Vista-se com elegância! 220
46. Sorria! 225
47. Compartilhe informações com sua equipe! 229
48. Tome decisões! 232

49. Aprenda com os erros. Aproveite toda energia contida neles! 236
50. Encare desafios! 239
51. Delegue autoridade! 244
52. Siga seus princípios! 247
Para Terminar. 253
Agradecimento 255
Outras Publicações de Rodrigo Vargas 257

Prefácio

Decidi reunir neste livro as melhores práticas de gestão, liderança e relações humanas que aprendi por estudos e pelo exercício prático de minha profissão ao longo do tempo. Foram muitos anos em que exerci funções de chefia e liderança nas Organizações, o que me proporcionou, além do orgulho pelas realizações e relacionamentos construídos, um fantástico aprendizado prático sobre gestão, liderança e relações humanas no trabalho.

Na minha visão, principalmente na última década aqui no Brasil, o mundo corporativo vem exigindo do profissional nada menos que o seu máximo. Você é submetido à pressão e levado aos seus limites o tempo todo. As cobranças são incessantes. O que vale é o resultado. O acionista quer lucro e a direção da empresa tem que buscar fazer a Organização ser rentável. Caso contrário, esse mesmo acionista vai investir em outros ativos. Essa roda viva dentro das Organizações, somada às personalidades de cada ser humano, em cada um de seus cargos, gera um número infindável de possibilidades de conflitos de egos e de disputas por controle e poder.

Como sou metódico e sistemático, resolvi colocar por escrito tudo aquilo que, acredito eu, representaram ensinamentos valiosos ao longo de minha carreira. **Mas, não se engane, o aprendizado que eu tive foi à custa de muitos erros e acertos; por isso, espero que você, caro leitor, possa usufruir destes aprendizados em sua carreira profissional, evitando os erros, e buscando os acertos.**

Esse livro é, na verdade, um grande resumo daquilo que pude concluir ao longo do tempo sobre bons hábitos de gestão, liderança e relações humanas e que decidi compartilhar com você. Ao longo do livro, mencionarei inúmeras pesquisas de neurociência, pesquisas de opinião, estatísticas, estudos e informações de várias fontes para ilustrar os pensamentos expostos; mas, além disso, muito foi extraído de minha própria experiência profissional. Procurei resumir as mensagens aqui apresentadas ao ponto de criar uma leitura extremamente fácil e interessante, embora com uma razoável densidade de ideias, para que você possa começar a implementar os hábitos de forma eficaz e imediata.

Esta edição contém mais de 70 figuras produzidas especialmente para o livro, pois uma imagem é um excelente recurso didático, e reforça o processo mnemônico. Nessa mesma linha, fiz um pequeno resumo ao final de cada capítulo. Isso tudo com o objetivo de proporcionar as condições adequadas para que você possa ter o seu **uso habitual** estabelecido, que é o que estou propondo nesse livro. Ou seja, quero que o conteúdo do livro (em síntese) seja, efetivamente, transferido para sua memória, para que possa ser aplicado no dia a dia da forma mais eficaz possível!

Tenha em mente que, para introduzirmos algo como sendo um hábito, precisamos realizá-lo, no contexto da ação, repetidas vezes. A programação neurolinguística fala no número cabalístico de 21 vezes. Por exemplo, se quisesse deixar de fumar, precisaria ficar 21 dias sem fumar, se quisesse se habituar a correr, precisaria fazer 21 dias de treino. Eu, sinceramente, prefiro não me ater a um número, pois penso que você deva aplicar o conteúdo do livro em todas as situações, sempre que possível, de modo que você comece a se sentir mais e mais confortável em cada situação, mostrando com isso, que está começando a introduzir um novo hábito.

Este livro está recheado de métodos e modelos práticos muito úteis, mas, lembre-se de que "saber" não é "fazer". Saber é importante, mas conhecimento que não é aplicado, não gera resultado. O objetivo desse livro é apontar hábitos que eu acredito serem bons, e demonstrá-los com exemplos e informações técnicas ou científicas; e, sendo um hábito, deve ser exercitado diariamente para surtir efeito e frutificar.

Lembre-se das palavras do pensador Aristóteles: "Somos o que repetidamente fazemos. A excelência, portanto, não é um feito, mas um hábito." Portanto, se você está iniciando na área da gestão, ou pretende assumir cargos de gestão no futuro, receba, de mente aberta, esta singela contribuição de quem já passou por tudo isso, e resumiu da melhor forma possível, aquilo que considera bons hábitos de gestão, liderança e relações humanas.

Boa leitura e Sucesso!

Rodrigo Vargas

Cultivando Hábitos

"Seu patrimônio líquido para o mundo é geralmente determinado pelo que resta depois que seus maus hábitos são subtraídos de seus bons hábitos." **Benjamin Franklin**

Cultivar um hábito é como cultivar uma planta, há que se ter cuidado e atenção diariamente, mas, com o passar do tempo, o crescimento é visível e compensa todo o esforço. Segundo o dicionário Michaelis, hábito é a disposição de agir constantemente de certo modo, adquirida pela frequente repetição de um ato. Desse modo, estabelecer determinadas ações como hábito, apresenta uma série de vantagens, entre elas, uma maior **eficiência** na ação (pela repetição e constância), e os próprios benefícios decorrentes da **repetição de ações que consideramos boas**. Mas, quanto tempo leva, efetivamente, para criar um hábito? Como é o processo de criação do hábito? Como funciona o processo da aprendizagem? Para responder a essas perguntas, vamos adiante.

O Tempo para a Criação do Hábito
Existe, como já comentamos, o número cabalístico de 21 dias, largamente propagado por diversos autores da Neurolinguística e afins, entre eles Sir John Hargrave, em seu livro "Mind Hacking: How to Change Your Mind for Good in 21 Days". Apesar de muito mencionado, não se sabe ao certo a origem desse número. Muito provavelmente, tenha sido incorporado por meio do livro "Psycho-Cybernetics: A New Way to Get More Living Out of Life", do cirurgião plástico e pesquisador americano Maxwell Maltz, publicado em 1960, que observou a aparição dos 21 dias, repetidamente, em seu trabalho. O Dr. Maxwell apontou que, geralmente, se requer um mínimo de 21

dias para afetar qualquer mudança perceptível em uma imagem mental, pois, após uma cirurgia plástica, levava-se cerca de 21 dias para que o paciente médio se acostumasse com seu novo rosto. Observou, também, que quando um braço ou uma perna era amputada o "membro fantasma" persistia por cerca de 21 dias. O Dr.Maxwell concluiu, por estes e outros fenômenos comumente observados, que há uma tendência de se requerer cerca de 21 dias para uma imagem antiga se dissolver e uma nova ser criada.

Um estudo de Phillippa Lally e seus colegas Cornelia H. M. van Jaarsveld, Henry W. W. Potts, e Jane Wardle, (University College London), publicado em 2009, observou o tempo em que as pessoas levavam para automatizar determinadas ações. O tempo que os participantes levaram para alcançar razoável automatização variou de 18 a 254 dias, e a média encontrada foi de 66 dias. Ora, sejam os 21 dias da Neurolinguística, ou os 66 dias da pesquisa da Dra. Lally, o fato é que deve haver um período razoável de repetição da ação, por isso, você pode adotar um número redondo de 30 dias, como meta inicial para a repetição do hábito que quiser criar. Isso é bastante razoável, e lhe permitirá calibrar a sua necessidade, ou seja, você, após esse período, poderá analisar se esse tempo é suficiente para você consolidar um novo hábito, ou não, reajustando-o, se necessário.

O Processo da Criação do Hábito

Formar hábitos é relativamente simples, mas, não, necessariamente, fácil. Construir bons hábitos requer tempo (como acabamos de ver), além de muita disciplina, determinação na sua execução, e disposição. Uma pesquisa de 2015 do MIT (Instituto de Tecnologia de Massachusetts), realizada pelos pesquisadores Theresa M. Desrochers, Ken-ichi Amemori, e Ann M. Graybiel, revelou que neurônios no cérebro pesam os custos e os benefícios para conduzir a formação de hábitos. Como tudo na natureza, o nosso cérebro procura uma relação custo/benefício ótima para executar suas funções.

Isso nos leva a crer que, quando, conscientemente, queremos introduzir um novo hábito, precisamos definir quais são os custos (o que eu devo fazer?) e quais são os benefícios (o que eu ganho?), tendo certeza de "apresentar" ao nosso cérebro todos os benefícios envolvidos. Essa é uma maneira de planejarmos de forma inteligente a formação de um novo hábito.

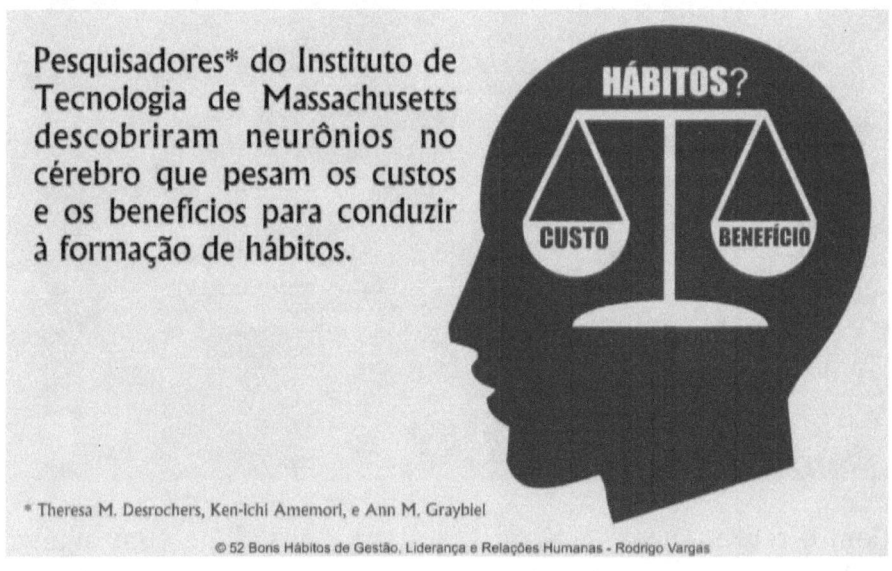

Pesquisadores* do Instituto de Tecnologia de Massachusetts descobriram neurônios no cérebro que pesam os custos e os benefícios para conduzir à formação de hábitos.

* Theresa M. Desrochers, Ken-ichi Amemori, e Ann M. Graybiel

© 52 Bons Hábitos de Gestão, Liderança e Relações Humanas - Rodrigo Vargas

A formação do hábito vai contemplar, então, uma determinada ação, que queremos fazer repetidas vezes (que é o custo), e o benefício que obteremos com a execução dessa ação.

- **Benefício**: Criar um hábito requer, como já dissemos, disciplina, determinação na sua execução, e disposição,

portanto, é fundamental ter muito claro em mente o benefício que estamos buscando. É preciso definir um propósito, ou seja, qual é o ganho que teremos ao agir habitualmente desse ou daquele modo. Poderemos, inclusive, caracterizar os ganhos de curto prazo (aqueles advindos da simples execução da ação), e os de longo prazo (aqueles advindos da introdução da ação como um hábito).
- **Ação**: É o procedimento, ou a rotina com a qual estamos nos engajando para proporcionar o benefício que queremos. É importante que tenhamos em mente a descrição da ação que precisamos executar, e do comportamento que temos que assumir, tão sucintamente quanto possível, mas tão detalhadamente quanto necessário.

Com o tempo, você verá que terá mais facilidade com alguns hábitos, e menos com outros, isso é normal. À medida que o tempo passe, você descobrirá onde deve colocar mais esforço e atenção. A questão primordial é: aproveite todas as oportunidades para executar os hábitos, quanto mais você praticar, melhor será o resultado.

A Curva de Aprendizagem

O objetivo da introdução de um hábito é tornar automática determinadas ações, pois é assim que ocorre a aprendizagem, é isso que leva o levará à excelência. A curva de aprendizagem representa a função do desempenho em relação ao tempo, e vários estudos já foram feitos sobre ela (inclusive, abordando o aspecto de produção e redução de custos), mas um dos pioneiros nessa área foi o psicólogo e professor alemão Hermann Ebbinghaus, no seu livro "Memory: A Contribution to Experimental Psychology". Ebbinghaus também é muito conhecido pelos seus estudos sobre o processo da memorização (foco principal desse seu livro), e o desenvolvimento da curva do esquecimento.

Veja, no gráfico a seguir, como é o desenho da curva de aprendizagem teórica, tendo o desempenho em função do tempo.

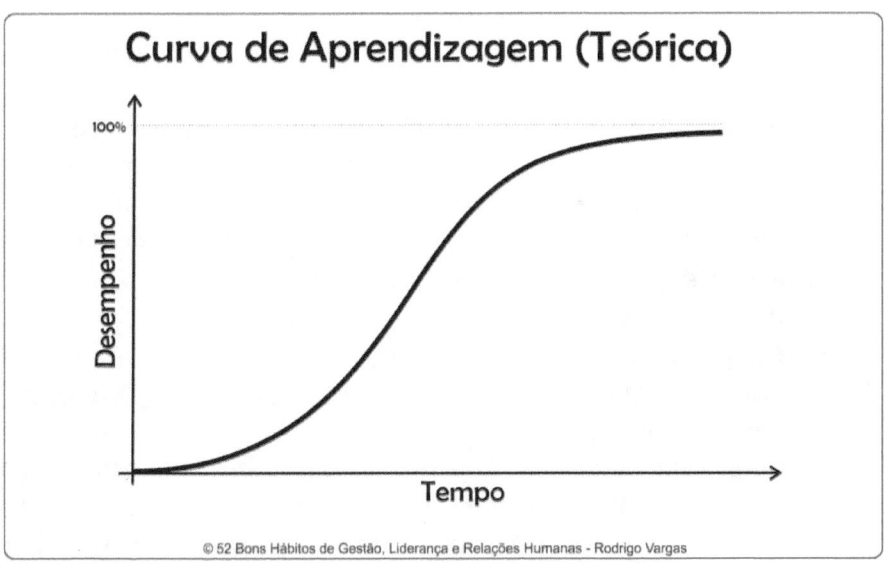

Você percebe que o fator tempo é fundamental para atingir os mais altos desempenhos. É um caminho normal a seguir. Quanto antes começar, antes você chega lá. Mas, atente que essa é uma curva teórica, prefiro lhe mostrar a curva que, pela minha experiência, tem características mais voltadas à realidade do ambiente profissional da vida real.

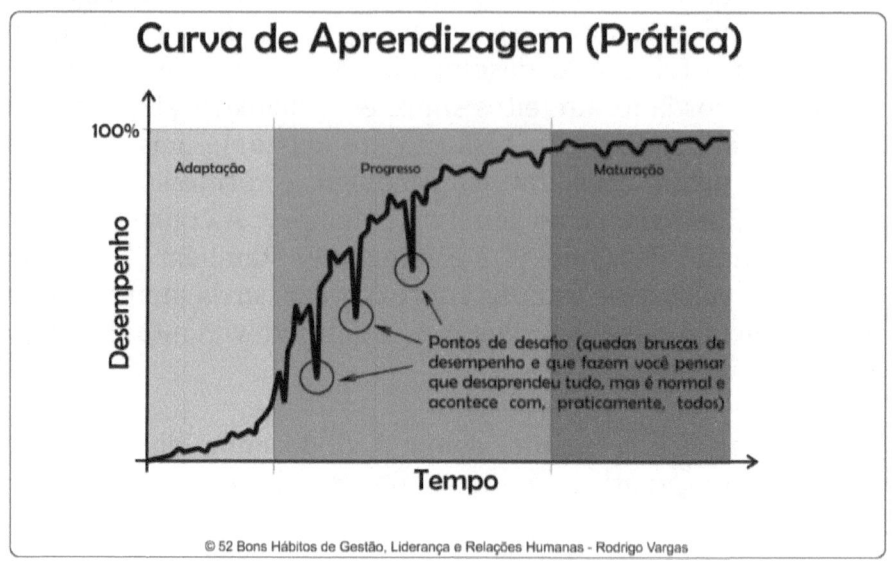

Eu dividi o gráfico da aprendizagem, para melhor compreensão, em três fases:

- **Adaptação:** é a fase inicial, e normalmente tem um crescimento mais lento no desempenho, pela natural dificuldade inicial em executar a ação proposta. Essa fase pode ser mais extensa ou menos extensa de acordo com a sua experiência prévia, ou alguma habilidade natural para a execução da ação.
- **Progresso**: é a fase de maior crescimento, é onde você obtém os maiores ganhos. Porém, é também a fase onde, geralmente, aparecem os pontos de desafio. Eu os chamo de pontos de desafio porque são momentos em que o seu desempenho pode ter quedas bruscas, fazendo você pensar que desaprendeu tudo, mas isso é normal. Por esses momentos passamos, praticamente, todos nós. São aquelas situações em que parece que tudo dá errado, mas na verdade, não é tão errado como pensamos, e faz parte do aprendizado. Siga em frente! Continue praticando, e o seu progresso e a sua evolução continuarão acontecendo.

- **Maturação**: é a fase onde o crescimento não é mais tão acelerado, mas é onde você passa a ser mais consistente.

Veja que, não apenas na fase de maturação, mas também nas outras, sempre ocorrem pequenos altos e baixos no desempenho, pois todo progresso é como ondas, há avanços, e, eventualmente, pequenos retrocessos, mas o saldo é sempre positivo, e você segue aumentando o seu desempenho. Então, mãos à obra!

1. Estabeleça metas e trabalhe para atingi-las!

HÁBITO 1: ESTABELEÇA METAS E TRABALHE PARA ATINGI-LAS.

Assim como monitoramos o velocímetro de um veículo para acompanhar a sua velocidade, também um gestor deve focar o acompanhamento de indicadores de desempenho para acompanhar a eficiência dos processos. Portanto, defina uma meta, trabalhe dedicadamente para chegar lá, e acompanhe com a frequência necessária os resultados alcançados. Eu chamo isso de círculo virtuoso do sucesso.

Não somente você, líder, mas toda sua equipe deve saber exatamente quais são as metas da organização, quais são as metas do departamento, e quais são as suas metas individuais. Ao estabelecer metas, faça-o através de um processo em que haja participação e engajamento da equipe. Depois, crie mecanismos para monitorá-las e avaliar os resultados, e, para índices abaixo da meta, ações corretivas devem ser implementadas.

Lembro de uma situação em uma determinada Organização, em que um setor estava trabalhando na melhoria de um determinado processo. Passado algum tempo, quando, pessoalmente, perguntei a vários funcionários do chão de fábrica daquele mesmo setor, se eles sabiam quais eram os objetivos daquela área, e como eram medidos, somente um respondeu positivamente (ainda que não soubesse explicar exatamente como era feita a medição). Como, então, que aquele líder do projeto poderia esperar melhorar resultados, se grande parte dos colaboradores que estavam envolvidos com os processos que iriam gerar os resultados nem sequer conheciam suas metas?

Se quisermos melhorar algo numa área, TODOS devem estar engajados, alguns em determinado nível, outros, noutro. Toda meta, em uma Organização, deve nascer de uma necessidade, sejam as metas do planejamento estratégico, ou aquelas oriundas de seu desdobramento; seja um projeto de melhoria, seja uma meta individual oriunda de uma avaliação com a chefia; enfim, em todas as situações, toda meta deve nascer com uma relevância razoável, caso contrário, não deveria ser necessária. Sendo assim, ao estabelecer uma meta, pense no seguinte acrônimo:

M.E.T.A.

Onde cada letra terá o seguinte significado:

M = mensurável (você deve ser capaz de medir o índice que define seu objetivo. Defina exatamente qual é a fórmula de cálculo, ou a origem dele, ou ainda, como você extrai o valor dele)

E = específica (defina o valor, o quanto você está querendo, e tenha em mente que a meta deve estar alinhada com os objetivos da Organização)

T = temporal (defina o prazo, quando você quer atingir a meta)

A = atingível (as metas devem ser atingíveis, ou seja, nem fáceis, nem difíceis; mas sim desafiadoras. Motivadoras o suficiente para que se movam os esforços necessários para que as melhorias aconteçam)

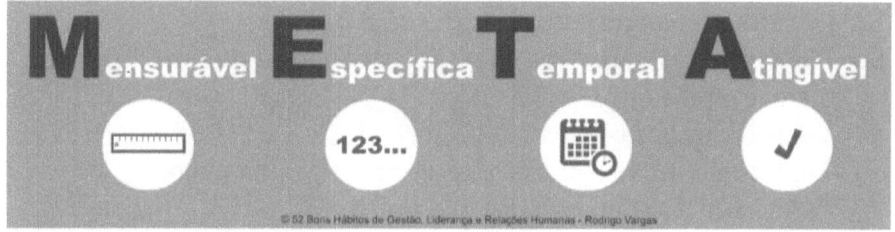

Vamos ver um exemplo: Uma empresa estabeleceu uma meta para o próximo ano de R$60.000.000,00 de vendas líquidas (sem impostos) anuais. Vejamos, então: a meta é **mensurável**, pois a Organização estará medindo o valor das vendas líquidas em reais. Ela é **específica**, pois estipula um valor específico de 60 milhões de reais como meta. Ela é **temporal**, pois estabelece o prazo de um ano, ou seja, de janeiro até dezembro do próximo ano as vendas devem totalizar o valor de 60 milhões de reais. Quanto a ser **atingível**, obviamente, depende do contexto em que a empresa se encontra, histórico de vendas, situação econômica do país, situação do setor em que a empresa atua, nível de maturidade da empresa nesse mercado, concorrência, investimentos, marketing, etc. Nesse exemplo, a meta é atingível.

<u>20 Dicas para Atingimento de Metas</u>
1. Tenha conversas frequentes sobre os resultados e novas soluções;
2. "Respire" as metas diariamente e faça com que todos de sua equipe também o façam;
3. Cobre resultados! E atrele-os (os mais significativos) à participação nos lucros e resultados;
4. Conheça o seu pessoal. Conheça a competência de cada um. Lembre-se: competência aqui tem o sentido do conjunto de conhecimento, habilidades e atitude;
5. Reconheça quem faz;
6. Não tolere mau desempenho, nem atitudes negativas. Diga exatamente o que você espera de cada membro de sua equipe! Mesmo os bons perdem motivação e rendimento ao perceberem que o mau funcionário, ou o mau resultado, é tolerado dentro da equipe;
7. Diga "não" ao conformismo;

8. Desenvolva as potencialidades das pessoas;
9. Peça um plano de cada membro da equipe que mostre como ele pretende atingir suas metas;
10. Tenha otimismo! Mas sem burrice!
11. Tenha foco nos resultados. E cobre isso dos outros!
12. Peque por tentar e não por se omitir;
13. Aprenda com os erros. Não os repita!
14. O líder não apenas questiona o que sua equipe faz, mas também aquilo que ele mesmo faz;
15. O líder sempre se questiona. Isso pode ser feito melhor?
16. Melhore continuamente o desempenho de sua equipe;
17. Proponha as soluções necessárias para se chegar aos resultados esperados! Não espere que outros lhe digam;
18. Você será medido por resultado! Faça isso com as pessoas de sua equipe!
19. Apoie os membros de sua equipe, mas cobre dedicação, empenho e resultado;
20. Não tenha medo de mudar! Encare a mudança como sendo uma oportunidade de melhoria.

HÁBITO 1 - Estabeleça metas e trabalhe para atingi-las! RESUMO
Crie indicadores para os principais processos.
Estabeleça metas para os indicadores, com a participação e engajamento da equipe.
Crie mecanismos para monitorar e avaliar os resultados.
Estabeleça planos de ação para melhorar os indicadores.
Utilize as dicas para atingimento de metas.

2. Saiba ter equilíbrio emocional!

Pensei em chamar este capítulo de: "Dê banana ao macaco", em referência à necessidade de controle e domínio de nossas emoções primitivas. De todo modo, tenha a imagem mental consigo; assim como o macaco é controlado pela banana, do mesmo modo suas emoções devem ser controladas por você. Se há uma coisa realmente significativa que meus anos de profissão me ensinaram, foi conhecer a importância e a necessidade de ter equilíbrio emocional. Esse hábito, devo confessar, sempre me exigiu atenção especial, ao contrário de outros como avaliar pessoas, ou liderar reuniões, que penso ter certa facilidade. Ter controle emocional e mantê-lo nas situações onde você é levado a se exasperar é, sem dúvida, um dos mais importantes hábitos que você deve incorporar ao seu trabalho; pois, o descontrole causa, nos outros, uma percepção de despreparo e insegurança.

Stephen Covey estabeleceu a "proatividade" como um dos 7 hábitos das pessoas altamente eficazes, em seu best-seller publicado em 1989. Mas a proatividade a que ele se refere, não é "agir antecipadamente para evitar um problema", mas sim, "dominar suas reações". Decidir que tipo de reação você deve tomar, em cada situação. Daniel Goleman explorou o tema de maneira bastante abrangente, em seu conhecidíssimo livro "Inteligência Emocional", em 1995. A inteligência emocional é a habilidade em lidar com os sentimentos e as emoções próprias, e as relacionadas com o ambiente e as outras pessoas, com o objetivo de obter um bom resultado. Em seu livro, Goleman exemplificou que, no mundo empresarial, o alto coeficiente de inteligência lógica pode conseguir um emprego; mas um alto coeficiente (de inteligência) emocional, garante as promoções. O Doutor Goleman explica em seu livro que a raiva, através de uma área no cérebro chamada de centro límbico, dispara uma reação de emergência, recrutando o resto do cérebro para seu plano, o que impede o neocórtex, o cérebro pensante, de raciocinar com clareza.

ANATOMIA DA RAIVA

Neocortex
Responsável pelo raciocício

Centro Límbico
Responsável pelas emoções

Cérebro Reptiliano
Responsável pelas funções vitais
Instinto

Quando somos tomados pela raiva, o centro límbico dispara uma reação de emergência, recrutando o resto do cérebro para seu plano, priorizando as reações instintivas de lutar-ou-fugir, impedindo o neocortex de raciocinar com clareza. Por isso, a pessoa tomada pela raiva pode cometer, facilmente, danos irreparáveis.

© 52 Bons Hábitos de Gestão, Liderança e Relações Humanas - Rodrigo Vargas

Então, quando nos deixamos tomar pela raiva, pelo descontrole, são os nossos instintos mais primitivos aflorando, são reações do tipo lutar-ou-fugir. Nessas situações, nosso QI pode chegar a se igualar ao do macaco, e aí podemos fazer coisas das quais poderemos nos arrepender depois. Quantas vezes, após situações de raiva, nós nos perguntamos: - Mas por que razão não argumentei dessa ou daquela forma? A explicação é simples: Porque estávamos dominados pela raiva e, assim, agimos irracionalmente.

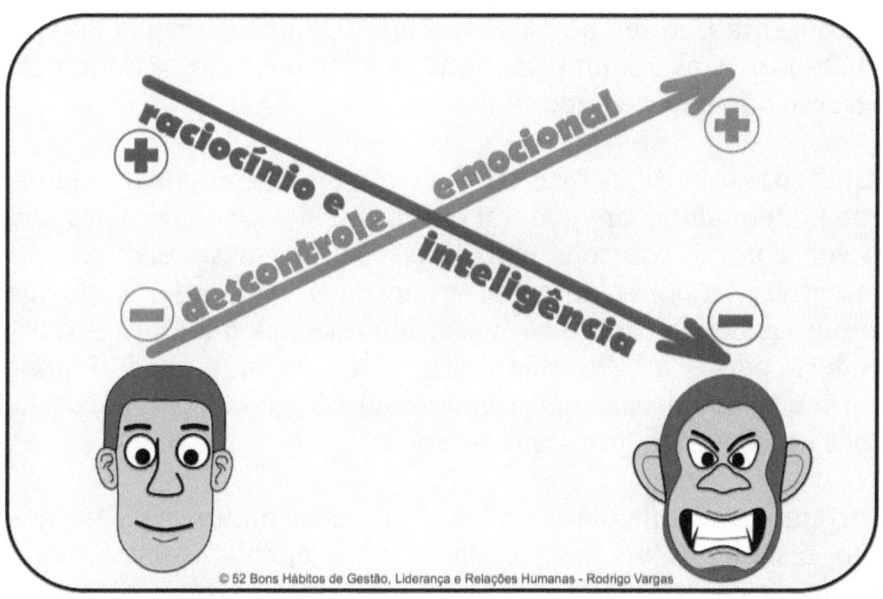

Lembro de uma situação em que um líder de uma linha de montagem, que trabalhava em minha equipe, foi provocado por uma brincadeira de um colega da área de testes do produto. Irritado, foi tirar satisfações com o colega. Eu, que não estava longe, acompanhei a cena. Chamei, então, o líder, e disse-lhe que, se ele, tão facilmente, demonstra irritação e descontrole, é porque parece não dominar suas reações. Expliquei-lhe que uma das características de um grande líder é, justamente, o controle emocional e, com isso, ele conseguiria demonstrar superioridade, e obteria respeito dos outros. Tempos depois, houve um episódio envolvendo esse mesmo líder, este eu não acompanhei, mas foi-me relatado. Um operador de linha, que também exercia a função de dirigente sindical, parou o seu trabalho, deixou o seu posto e, dirigindo-se ao encontro do líder, fez reclamações em altos brados. Nesse momento, todos se voltaram para o que estava ocorrendo. Esse líder, no entanto, sem demonstrar nervosismo, mas com firmeza, disse-lhe que retornasse ao seu local de trabalho, que eles conversariam depois, já que, naquele momento, devido ao nervosismo e exasperação do colaborador, este não estava em condições de manter um diálogo adequado. Esse colaborador, depois de surpreendido pelo controle emocional do líder, e a seu pedido, voltou, então, ao seu posto de trabalho. O que ocorreu depois? O colaborador foi, voluntariamente, desculpar-se com o líder, pelo excesso que havia cometido.

Sun Tzu, no livro "A Arte da Guerra", descreveu cinco defeitos que podem afetar um general e levá-lo à derrota. Um deles tem a ver com o controle emocional. Assim disse ele: "se for suscetível à honra, um general não deve se ofender de forma intempestiva. Por querer reparar a honra por qualquer insulto, poderá perdê-la." Ou seja, caro leitor, se um general pode perder uma guerra por um descontrole, numa Organização, você pode perder "prestígio" e "apoio".

Portanto, ter controle emocional significa muito mais do que não discutir (mais adiante falaremos apenas sobre "evitar discussões"); mas sim ter controle para discernir entre um "sim" e um "não"; é não ficar esbravejando (já vi pessoas perderem seu emprego por fazerem isso); é não ficar de cara amarrada para demonstrar insatisfação; é, em síntese, ter domínio e controle sobre as suas ações, ou seja, agir baseado em sua vontade, e não pela vontade dos outros. Isto quer dizer, não agir "levado" pela atitude dos outros. As suas respostas são suas, de mais ninguém.

Como se não bastasse todo o prejuízo no âmbito profissional e do relacionamento humano, a raiva também destrói a sua saúde. Um estudo de Harvard, de 1986, mostrou uma correlação entre a raiva e a incidência de doenças coronarianas, sendo que as doenças das artérias coronárias foram diagnosticas numa incidência 3 vezes maior nos homens com mais raiva do que naqueles com menos. Um estudo mais recente, da Universidade de Michigan, feito com 2 mil homens, mostrou que aqueles que tinham maiores índices em testes padrão de demonstração de raiva tinham 2 vezes mais chance de ter AVC (acidente vascular cerebral-derrame). Nesse resultado não pesaram significativamente questões como: fumo, obesidade, pressão alta, idade, diabetes, consumo excessivo de álcool, ou colesterol.

O que fazer, então, para se controlar? Equilíbrio emocional deve ser um hábito! Devemos exercitá-lo sempre. Uma boa atitude para evitar o descontrole e a discussão desenfreada é atacar apenas o problema, e não as pessoas envolvidas nele. Além disso, a Associação Americana de Psicologia preconizou algumas dicas importantes:
1) Respire profundamente;
2) Repita para si mesmo, e calmamente, a frase "vá com calma!";
3) Foque a lógica do debate e pense com cuidado no que vai dizer;
4) Recorra ao bom humor (antes de chamar seu colega de idiota, pense num burro ocupando o lugar dele).

Além dessas dicas, vale a pena praticar com regularidade a meditação, que é uma forma de exercitar o controle mental. Da mesma forma que devemos exercitar nossos músculos para manter nosso corpo saudável, devemos também exercitar nossa mente para mantê-la igualmente forte e preparada para as situações de stress. Você pode procurar um bom centro de Yoga (ou de Budismo) para iniciar a prática, e aprender como fazer, no entanto, faço adiante um resumo informativo de como ela funciona:
- Escolha um local tranquilo e acomode-se em uma posição confortável, em que você possa ficar por algum tempo (mas atente que o objetivo não é dormir).
- Permaneça com os olhos fechados, ou abertos e focando um ponto há cerca de um metro de distância.

- O objetivo da meditação é o de esvaziar a mente, não pensar em nada; os orientais comparam isso à figura de acalmar um animal selvagem ou uma manada em fuga. Para isso, alguns se utilizam de várias técnicas, como a dos mantras, ou do foco na própria respiração.
- No caso da respiração, o objetivo é o de concentrar-se nas narinas ou pulmões, e no movimento de inspiração e expiração, ou mesmo no som produzido.
- Não faça qualquer análise, e, quando o pensamento se desviar, traga-o de volta, e não se cobre muito por isso.
- Curta o momento de paz e autocontrole.

Comece com cinco ou dez minutos e vá aumentando o tempo conforme perceba pertinente, mas coloque um despertador suave para lhe avisar do fim, isso evitará desconcentração por conta do tempo.

EQUILÍBRIO EMOCIONAL

- O controle emocional consegue-se através do hábito!
- Torne o equilíbrio emocional um hábito através da prática incansável de técnicas de autocontrole!
- Numa discussão, ataque o problema, não as pessoas envolvidas nele!
- Em stress, respire lenta e profundamente, utilizando o abdômen.
- Procure resolver o problema com sabedoria, buscando a solução melhor para todos os envolvidos!
- Pratique a meditação para treinar o controle mental

Além de tudo o que já foi mencionado, o exercício físico também tem um efeito positivo no equilíbrio emocional, e falarei mais sobre os benefícios da atividade física no capítulo "Faça um esporte".

Embora eu não queira estender demais este capítulo, ele não ficaria completo se eu não comentasse sobre uma doença perigosa e que destrói o equilíbrio emocional, considerada pela Organização Mundial da Saúde (OMS), segundo um relatório de 2012, como a terceira causa principal da carga global de doenças em 2004, e devendo passar para o primeiro lugar em

2030: a **depressão**. Segundo esse mesmo relatório, as estimativas apontavam 350 milhões de pessoas no mundo afetadas pela depressão. No Brasil, de acordo com o IBGE, na Pesquisa Nacional de Saúde - 2013, foi estimado que 7,6% das pessoas de 18 anos ou mais de idade receberam diagnóstico de depressão por profissional de saúde mental, o que, em números da época, já representava 11,2 milhões de pessoas, sem falar nos que têm a doença e ainda não se deram conta. Segundo o Instituto Nacional de Saúde Mental dos Estados Unidos (National Institute of Mental Health), a depressão, também chamada de "transtorno depressivo", é um transtorno do humor que causa sintomas angustiantes que afetam o modo como a pessoa sente, pensa e lida com as atividades diárias, como dormir, comer ou trabalhar; e se você tiver estes sintomas a maior parte do dia, quase todos os dias por pelo menos 2 semanas, você pode estar com depressão. O artigo da BBC Brasil "Raiva e irritação: os sintomas da depressão que muitas vezes ignoramos", mostra o Dr. Sérgio Máscoli, do Instituto de Psiquiatria do Hospital das Clínicas de São Paulo, dizendo o seguinte: "*Sinais de alerta menos óbvios, a raiva e a irritabilidade costumam ser manifestadas com mais frequência por homens. Eles muitas vezes nem sequer reconhecem a existência da depressão, seja por medo de serem julgados ou por acreditar que suas emoções sejam apenas efeito do estresse e do cansaço.*" Portanto, se você desconfiar que possa estar com depressão, procure ajuda médica para restabelecer seu equilíbrio emocional, para não correr o risco de cometer ações desastrosas, movidas pela raiva, e que podem resultar em prejuízos, às vezes, irreparáveis.

Posso, aqui, dar meu depoimento pessoal, pois sofri com depressão desde minha juventude e, infelizmente, só comecei a tratá-la aos 50 anos. Foi uma vida inteira sofrendo com a doença sem me dar conta, o que me fez ser uma pessoa pouco tolerante, por vezes, irascível. Isso, é claro, foi um complicador na minha vida profissional e tornou as coisas muito mais difíceis, exigindo de mim, muitas vezes, esforço sobre-humano para permanecer equilibrado. Portanto, não siga pelo caminho mais penoso e perigoso, busque tratamento.

Para finalizar, lembro que Aristóteles também dissertou sobre o tema, dizendo que a virtude está no equilíbrio: *"Qualquer um pode zangar-se, isso é fácil; mas zangar-se com a pessoa certa, na medida certa, na hora certa, pelo motivo certo e da maneira certa, isso não é fácil."* Ou seja, não devemos abafar demais as emoções, a ponto de sermos apáticos, mas também não podemos ter reações descontroladas, sob pena de agirmos impensadamente. Tão mais fácil será manter o controle emocional, quanto repetidamente você buscar consolidar esse hábito em sua vida.

HÁBITO 2 - Saiba ter equilíbrio emocional! RESUMO
Controle emocional permite manter-se dono da situação.
O descontrole emocional causa nos outros uma percepção de despreparo e insegurança.
O descontrole desencadeia reações primitivas e impulsivas.
Você pode perder prestígio e poder ao se descontrolar.
O controle emocional requer exercício constante, rotina, hábito.
Se desconfiar que possa estar com depressão, procure ajuda médica.

3. Esteja preparado para as mudanças!

HÁBITO 3: ESTEJA PREPARADO PARA AS MUDANÇAS.

A globalização, que foi o fenômeno de interação econômica e sociocultural mais intenso entre os países, com início, notadamente, na década de 90, exigiu um padrão de qualidade mais elevado, tanto do produto, quanto do profissional. A globalização foi impulsionada pela maior liberdade política, devido ao fim da guerra fria, pela redução dos custos nos transportes, decorrentes das próprias aberturas de mercado e da modernização dos meios de transporte, e, também, pela maior facilidade de comunicação, com o advento do uso comercial da internet. Dessa forma, vimos, no âmbito industrial, uma mudança cultural muito grande, pois os mercados consumidores começaram a ter mais opções de produtos e, com isso, os produtores de menor qualidade tiveram, basicamente, dois caminhos: melhorar a qualidade ou fechar as portas.

Com o advento da globalização, informações em tempo real, mensagens eletrônicas, facilidades de comunicação, tudo acontece em velocidades muito mais rápidas do que décadas atrás. Os tempos de projeto nas Organizações são muito mais curtos que antigamente, a velocidade das informações é muito maior. Muita coisa, hoje, caminha na velocidade dos bytes. É tudo muito veloz. Inclusive as tomadas de decisões. Por isso, as mudanças são constantes, e há uma necessidade de você estar preparado para elas. E mais do que isso, não apenas estar preparado para mudanças, mas estar disposto a ser um agente de mudanças. Ou seja, conseguir motivar os outros a mudar, mostrando as vantagens das mudanças. Esse é o papel do Líder.

Alguns exemplos do cotidiano podem nos dar uma ideia clara da velocidade das mudanças. A fita K7, para gravação de áudio, foi introduzida na segunda metade da década de 60 e perdurou por 30 anos, quando foi substituída pelo CD. A fita VHS, para gravação de áudio e vídeo, introduzida no final da década de 70, foi utilizada comercialmente por menos de 30 anos, substituída pelo DVD, e alguns anos depois, ainda surgiu o Blu-ray. Depois disso, ainda vieram os vários formatos de áudio e vídeo em arquivos eletrônicos, que, ano após anos, também mudam.

Veja a seguir, um resumo das mudanças no século XX e no início do século XXI, em relação à qualidade, política e tecnologia, que afetaram o mundo dos negócios e acirraram a competitividade.

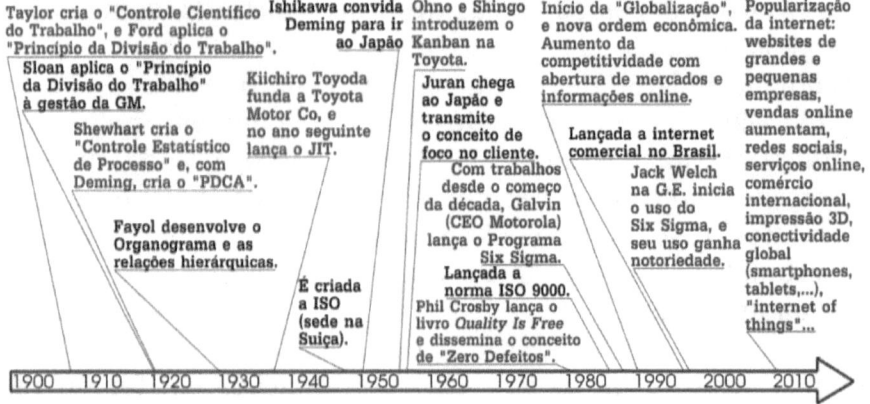

Costumo dizer que nem toda mudança gera melhoria, mas não há melhoria sem mudança. É isto que as Organizações demandam hoje em dia: mudança, melhoria e inovação. Lembre-se também de que, ou você muda, ou seu chefe pode mudar você! Tenha em mente que a mudança poderá gerar um desconforto inicial nas pessoas, mas quem souber enxergar longe poderá transformá-lo em ação e realizações. Já quem for mais limitado, poderá acabar transformando esse desconforto em resistência. Para você ser útil nas Organizações de hoje e das próximas décadas, esteja preparado para as mudanças.

Já vivi situações em que pessoas da Organização chegavam a verbalizar seu medo e desconforto pela mudança, em comentários do tipo:
- *Mas sempre foi feito assim...*
- *Por que mudar?...*

Era a maneira defensiva com que este tipo de pessoa, avessa às mudanças, tentava se defender, querendo justificar o *status quo*, ou seja, querendo manter a situação da forma que sempre foi. São pessoas que tem muita dificuldade de lidar com mudanças. O que acaba ocorrendo é que essas pessoas, ou vão estagnar, ou vão ser substituídas. De fato, perderão oportunidades!

Estamos, hoje, em pleno início da 4ª Revolução Industrial, onde os sistemas ciberfísicos serão capazes de se comunicarem entre si e com os humanos, baseados nas tecnologias digitais, físicas e biológicas. Teremos a "fábrica inteligente" formada por redes inteligentes que poderão controlar a si mesmas. E tudo isso está acontecendo nesse exato momento, o mundo está girando, as coisas estão mudando. Portanto, não pare você no tempo! Procure se atualizar, se desenvolver, e esteja preparado para o novo!

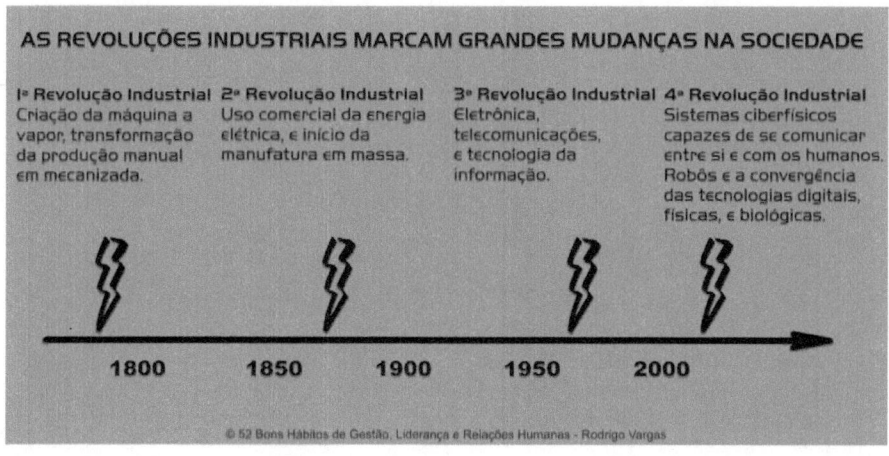

A velocidade das mudanças não tende a diminuir no futuro, ao contrário, a concorrência entre as empresas e a tecnologia só tende a fazê-la aumentar nos próximos anos. O acionista, inclusive, está cada vez mais informado sobre o que ocorre na Organização, e cada vez mais exigente em relação a resultados. Portanto, você, que quer abrir portas e descobrir oportunidades, mostre-se sempre pronto para as mudanças. E, quando elas aparecerem, contribua verdadeiramente para que elas se realizem com sucesso. Esse é o caminho!

HÁBITO 3 - Esteja preparado para as mudanças!
RESUMO

O colaborador deve estar preparado, aceitar e contribuir com as mudanças, pois é a demanda das Organizações.

A globalização exigiu padrões de qualidade mais elevados.

A tecnologia, aliada à globalização, aumentou a velocidade das decisões, projetos e acontecimentos e, consequentemente, das mudanças.

4. Saiba como marcar reuniões eficazmente!

**HÁBITO 4:
SAIBA COMO MARCAR
REUNIÕES EFICAZMENTE.**

A boa cartilha rege que, para marcar uma reunião, você execute alguns passos fundamentais, e que podem fazer uma grande diferença. A presença das pessoas certas, o aproveitamento das discussões, e um resultado produtivo estão atrelados a disciplina e organização. Veja abaixo alguns pontos importantes a seguir quando for marcar uma reunião:

1. **Antes de marcar uma reunião, tenha certeza de que você não resolveria o assunto apenas se dirigindo à mesa de seu(s) colega(s) de trabalho.** Pode acreditar, já participei de várias reuniões com mais de meia dúzia de pessoas, em que, com duas ou três pessoas reunidas, tudo já teria se resolvido. Ou seja, assuntos de dia a dia, devem ser resolvidos dia a dia. Conversando ou telefonando para as pessoas certas. Isto simplifica e agiliza bastante o trabalho.

2. **Tenha certeza de deixar bem claro, previamente, os objetivos da reunião**. Quantas e quantas vezes fui chamado a reuniões em que o objetivo não ficava claro. Apenas se apresentava o tema. Atenção: colocar o tema de uma reunião, em uma chamada de reunião, não significa definir o objetivo. Uma reunião pode ser informativa, deliberativa, de *brainstorming*, de planejamento, de avaliação, ou de acompanhamento. Portanto, deixe claro o objetivo da reunião.

3. **Tenha certeza de convidar todas as pessoas-chave, e apenas estas**. Quantas vezes eu vi reuniões que congregavam tanta gente que nem havia lugar suficiente para todos os participantes, parecendo apresentações mal programadas. Excesso é ruim, atrapalha o andamento da reunião, gera muitas conversas paralelas, principalmente daqueles que foram chamados sem necessidade

4. **Peça àquele que não puder comparecer que envie um substituto delegado**, principalmente se a reunião for deliberativa; deixando bem claro quais decisões precisam ser tomadas.

5. **Programe a duração da reunião, colocando horário de início e término**. Planeje-se bem. Simule, mentalmente, o tempo para cada assunto, para depois não faltar. Para isto funcionar, durante a reunião, deve-se controlar o tempo e o andamento, dando o ritmo certo para que se consiga utilizar apenas o tempo programado.

6. **Verifique a disponibilidade de local** para a reunião, analisando as opções de tamanho e equipamentos, de acordo com a necessidade. **Reserve o local.** Lembre-se de respeitar as regras de reserva de sala de sua Organização, e faça a reserva com tempo hábil para evitar imprevistos.

7. **Envie a convocação.** Faça, efetivamente, a convocação da reunião, enumerando os pontos-chave que descrevemos anteriormente. Ao final, peça colaboração de todos para chegarem no horário, para que a reunião cumpra seu objetivo. Se você quiser, pode utilizar alguns horários de início fora do comum, fugindo das horas cheias, por exemplo: ao invés de iniciar às 11:00h, por que não, 11:07h, ao invés de iniciar às 16:30, por que não às 16:16h. Isto, sem dúvida, chama atenção de todos para a preocupação com o horário. Preferencialmente, utilize o método de convocação de reuniões padrão da sua Organização, que, provavelmente, deverá ser via sistema ou software. Envie a

convocação com tempo hábil, de modo que todos possam se programar adequadamente, e, no caso de uma reunião emergencial, cuide para falar com todos pessoalmente, ou por telefone, justificando a urgência.

8. **Tenha certeza de proporcionar previamente toda a informação de que o participante necessite para poder contribuir durante a reunião.** Isto quer dizer que, se você quer que uma decisão seja tomada, e precisa do aval de um determinado grupo de pessoas, dê-lhes, antecipadamente, informações e dados para que possam tomar ciência e refletir o suficiente para que, no momento da reunião, haja um amadurecimento suficiente para que a decisão seja tomada.

Nas pesquisas sobre desperdício de tempo no trabalho dos portais Salary.com e GestaoIndustrial.com (mostramos mais detalhes no capítulo "Saiba gerenciar eficazmente seu tempo") as reuniões improdutivas aparecem como um dos maiores vilões, portanto, é muito importante avaliar bem todos os itens que relacionamos aqui quando quiser marcar uma reunião. Dessa forma, você estará contribuindo com seus colegas e, por extensão, com a Organização, na busca da produtividade e eficiência das reuniões, consumindo com racionalidade o tempo de cada profissional.

	HÁBITO 4 - Saiba como marcar reuniões eficazmente!
	RESUMO
Líder da Reunião	1. **Analise criticamente se a reunião é necessária**, ou se uma conversa informal na mesa de algumas pessoas não resolveria a situação. 2. Defina **a pauta** e o **objetivo da reunião**, se ela será **informativa, deliberativa, avaliativa, de planejamento, de projeto, de brainstorming**. 3. **Defina os participantes**: seja crítico e convoque apenas aqueles que, além de envolvidos no tema, tem condições de discutir e contribuir. 4. Peça a **quem não puder comparecer, que envie um substituto** com autoridade delegada. 5. Estabeleça a **duração** adequada da reunião, com horário de início e término. 6. Verifique a disponibilidade e **reserve a sala**. 7. **Faça a devida convocação**, utilizando o sistema oficial da Organização 8. Caso seja preciso, **envie o material necessário** aos participantes.
Participante	1. **Responda à convocação**, confirmando a presença, justificando a ausência e enviando um substituto, ou negociando outra alternativa. 2. **Prepare-se para a reunião**, lendo o material enviado, ou produzindo material requerido.

5. Solucione problemas!

Talvez você já deva ter ouvido falar de inúmeras técnicas para analisar e solucionar problemas. Vamos ver aqui dois métodos, primeiro um mais simples e intuitivo, que nos serve didaticamente para entender o raciocínio que devemos impor ao enfrentar um problema; e depois outro, mais formal e detalhado, utilizado na maioria das Organizações.

Vejamos primeiro, então, a sequência natural de pensamentos que devemos seguir ao analisar um problema. Você pode utilizá-la na solução de qualquer tipo de problema:

1. Descreva qual é o problema;
2. Descreva as possíveis causas dos problemas;
3. Relacione as possíveis soluções para o problema (inclua aqui as ações para tratar a causa do problema, mas também o efeito, caso necessário);
4. Escolha a (s) melhor (es) solução (ões);
5. Aja, execute as ações necessárias.

Mas lembre-se de que todo problema tem uma causa, e um efeito. Portanto, não basta tratar somente a "causa" do problema, já que o mais das vezes, você precisará tratar também (e antes de qualquer coisa) o "efeito" do problema, ou seja, "apagar o incêndio".

> **NOMENCLATURA ISO 9000**
>
> "CORREÇÃO" = "AÇÃO DE CONTENÇÃO" = CORRIGIR OS <u>EFEITOS</u> DO PROBLEMAS
>
> "AÇÃO DE CORREÇÃO" = AÇÃO PARA CORRIGIR AS <u>CAUSAS</u> DOS PROBLEMAS

Imagine uma situação em que um relatório de dados estatísticos não ficou pronto a tempo de enviá-lo à matriz. Primeiro você deve tratar o efeito, ou seja: "o relatório não foi enviado". Reunindo toda a equipe e fazendo hora extra, você consegue tê-lo pronto no dia seguinte. Esta foi, então, a ação para corrigir o problema, ou seja, atacar o efeito, chamada de ação de contenção; é o ato de "apagar o incêndio". Depois disso, vem a ação corretiva, que é aquela que vai procurar evitar com que o problema se repita, ou seja, não vai atacar o efeito do problema, mas sim, a sua causa (também chamada de causa raiz, que é a verdadeira causa geradora do problema).

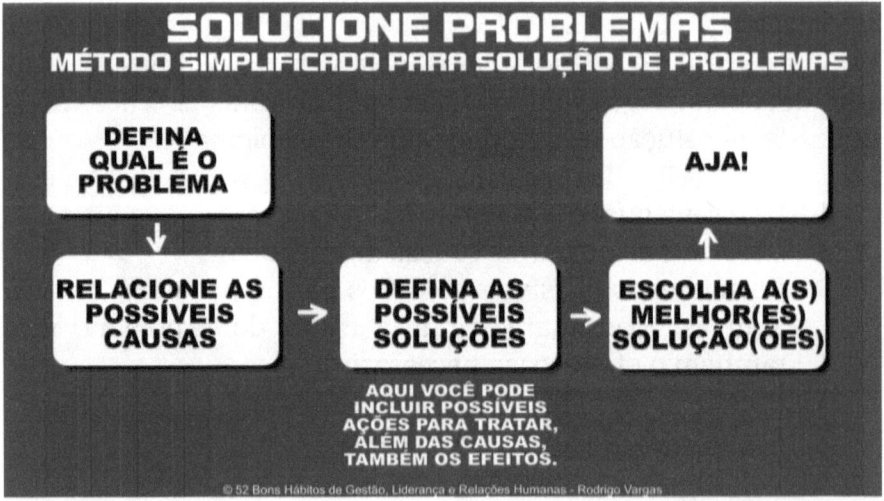

Nas Organizações industriais, costuma-se utilizar um modelo mais formal para análise e solução de problemas, chamado de MSP (método de solução de problemas), ou de MASP (Método de Análise e Solução de Problemas), ou ainda, de 7D ou 8D, que, em geral, enumera os seguintes passos:

1. DESCRIÇÃO DETALHADA DA NÃO-CONFORMIDADE (o que, onde, quanto, com quem, e quando ocorreu?).

2. EXTENSÃO DA NÃO-CONFORMIDADE (o que, onde, quanto, com quem, e quando poderá ser atingido?).

3. EQUIPE DE TRABALHO (que tratará do problema e encontrará a solução).

4. AÇÕES DE CONTENÇÃO - Para tratar o efeito das não-conformidades (o que, quando e quem?).

5. ANÁLISE DA CAUSA RAIZ (através de brainstorming, diagrama de causa e efeito, Pareto, diagrama de dispersão, ou outro método de análise).

6. AÇÕES CORRETIVAS - Para tratar a causa das não-conformidades (o que, quando e quem?), fazendo os devidos registros.

7. VERIFICAÇÃO DAS AÇÕES CORRETIVAS (verificar, monitorar e perpetuar as ações corretivas).

8. RECONHECIMENTO E COMPARTILHAMENTO (reconhecer o trabalho do time, celebrar a conquista, e compartilhar as lições aprendidas).

Verifique a disponibilidade do arquivo com um modelo de formulário do método estruturado de solução de problemas, na página Downloads Gratuitos do GestaoIndustrial.com.

É claro que este é apenas um exemplo de método, e você pode encontrar variações em cada Organização. O importante é você ter em mente o seguinte:
- O mais das vezes, ao enfrentar um problema, você deve buscar, primeiro, uma solução para o seu efeito, para as consequências do problema.
- Depois de encontrar solução para o efeito, deve buscar uma solução para a sua causa.
- A solução para o efeito é chamada de ação de contenção, ou, "correção".
- A solução para a causa raiz é chamada de ação corretiva.
- Existem dois métodos para a solução de problemas.
    - O primeiro, muito intuitivo, busca definir o problema, enumerar as possíveis causas, enumerar as possíveis soluções, e finalmente escolher a melhor solução.
    - O segundo, mais formal e estruturado, é mais utilizado em ambiente industrial, descrevendo o problema e sua extensão, a equipe de trabalho (o

grupo que discutirá o problema, suas causas e soluções), a causa raiz, a ação de contenção, a ação corretiva, os registros da implantação e verificação da eficácia.

Por mais que estes métodos sejam largamente utilizados nas Organizações, eles o são, na grande maioria das vezes, utilizados pela área de Qualidade. Porém, eles podem, e devem, ser utilizados em qualquer área, quando for necessário. É uma ferramenta poderosa de análise, útil e simples, quando entendemos sua lógica.

HÁBITO 5 - Solucione problemas!
RESUMO

Solucione um problema com o método simplificado:
1. Descreva qual é o problema;
2. Descreva as possíveis causas dos problemas;
3. Relacione as possíveis soluções para o problema;
4. Escolha a melhor solução
5. Aja, execute as ações necessárias.

Solucione um problema com o método mais estruturado:
1. DESCRIÇÃO DETALHADA DA NÃO-CONFORMIDADE (quem, o que, quanto, onde e quando ocorreu?)
2. EXTENSÃO DA NÃO-CONFORMIDADE (quem, o que, quanto, onde e quando pode ou poderá ser atingido?)
3. EQUIPE DE TRABALHO (que tratará do problema)
4. AÇÕES DE CONTENÇÃO - para tratar o efeito (o que, quando e quem?)
5. ANÁLISE DA CAUSA RAIZ (através de brainstorming, diagrama de causa e efeito, ou outro método de análise)
6. AÇÕES CORRETIVAS - para tratar a causa (o que, quando e quem?)
7. VERIFICAÇÃO DAS AÇÕES CORRETIVAS (verificar, monitorar e perpetuar as ações corretivas)
8. RECONHECIMENTO (reconhecer o trabalho do time, celebrar a conquista, compartilhar as lições aprendidas.)

6. Aprenda a dar ordens!

HÁBITO 6: APRENDA A DAR ORDENS.

O "dar ordens" que trataremos aqui não tem sentido pejorativo, mas sim, o de solicitar uma ação, ou determinar tarefas. Deverão ser poucas as vezes em que você precise ser incisivo, a ponto de ter que usar da autoridade de chefe e simplesmente mandar fazer. Isto até pode acontecer, em raras e justificáveis situações. Porém, essa é uma atitude de um chefe, e o que estamos propondo é ter atitudes de líder. O líder faz com que o outro queira realmente fazer aquilo que precisa ser feito, entendendo a necessidade. Mandar, simplesmente, qualquer um pode fazer, basta estar investido de autoridade. Um bom gestor, com competências de liderança bem desenvolvidas, faz com que o colaborador fique envolvido na situação, sentindo-se parte do time, entendendo a sua responsabilidade e a sua participação no todo.

Quando ouço falar de liderança como algum superpoder que indivíduos afortunados têm, ou um dom extraordinário, ou ainda alguma influência mágica que certos profissionais possuem, percebo um exagero, ou mais que isso, um equívoco. Eu trato isso de forma muito simples, a liderança é uma das competências do bom gestor, e como tal, pode ser desenvolvida. É evidente que existem pessoas que parecem ter uma facilidade maior para se comunicar, ou ainda outras parecem ter uma facilidade para tomar decisões acertadas, outras parecem ser muito mais equilibradas e outras, por chamar atenção pela grande desenvoltura, dizemos que têm carisma. Mas, sejamos objetivos, se você considera que pode desenvolver a competência de pilotagem, ou de aprender a tocar um instrumento musical, ou mesmo de preparar um novo prato da sua culinária regional, você certamente será capaz de desenvolver a competência de liderança.

A liderança, tratada como competência, é, mais detalhadamente, um conjunto de outras competências. Veja, a seguir, o que eu considero como sendo as **10 principais competências formadoras da boa liderança**:

1. **Motivar a equipe**: Sabemos que manter o ânimo da equipe elevado é condição essencial para uma equipe de alto desempenho, e que realização, recompensa e ambiente são fatores intrínsecos relacionados à motivação, assim como a confiança mútua, reconhecimento, apoio e a comemoração são fatores extrínsecos. Sejam extrínsecos ou intrínsecos, o líder deve procurar trabalhar esses fatores buscando o melhor nível possível. Por exemplo, o investimento em treinamento, além de procurar desenvolver e aumentar a competência do liderado, por si só, vai agir como fator motivador, atuando nos pilares da recompensa, realização, confiança e reconhecimento.

2. **Demonstrar equilíbrio emocional**: O liderado precisa sentir que o seu líder é equilibrado emocionalmente, pois isso é essencial para que ele possa confiar no seu líder, e nas suas decisões ou ponderações. O equilíbrio é o ponto certo entre firmeza e flexibilidade.

3. **Ter uma visão positiva do futuro**: O líder deve criar uma perspectiva positiva do futuro e do atingimento das metas e objetivos. Nenhuma equipe vai atrás de um líder derrotado, sem confiança, que acha difícil atingir metas ou que anda

cabisbaixo para lá e para cá. O líder é um agente de mudanças.

4. **Ser justo:** Isso inclui dar o exemplo. Ser coerente com seu discurso e assumir seus erros. O líder estabelece relações de confiança e transparência. Lembre-se: líder não é bonzinho! É justo acima de tudo!

5. **Iniciativa/Proatividade**: Capacidade de iniciar algo positivo, de quebrar a inércia, de buscar uma nova solução. Capacidade de se antecipar a um problema, evitando-o, ou minimizando seus efeitos.

6. **Aprender com os erros**: Esse é um comportamento fundamental que o líder deve, não apenas praticar, mas estimular seus liderados a fazerem o mesmo. Todo erro traz consigo um aprendizado. Devemos analisar o erro a fim de entender o que deve ser feito para não o repetir. É o caminho para a cultura na Organização de Aprendizagem.

7. **Ter boa comunicação**: Capacidade de ser claro e objetivo. Um bom líder não tem que falar muito, ou falar pouco, ele deve falar o suficiente. Ilustrar, ou dramatizar as ideias quando for preciso, também é um recurso a ser utilizado para a boa compreensão da comunicação. Tenha certeza de ser entendido, e, para isso, faça perguntas. Saiba argumentar, baseie-se em fatos e dados, estatísticas, exemplos, e outras experiências.

8. **Foco em Resultados**: Capacidade de entender a importância dos resultados dos processos, e ter determinação em buscá-los.

9. **Saber tomar as decisões difíceis e assumir riscos**: Atravessar a rua tem risco, ficar em casa tem risco, liderar

uma equipe e tomar decisões também envolve risco. Você deve estar preparado para assumir riscos, tomando as decisões que lhe cabem. Mas lembre-se: você deve obter as informações necessárias para justificar o que está fazendo. Decisões acertadas são baseadas em princípios morais, justiça, e maior benefício.

10. **Criatividade**: Capacidade de criar ideias e novas soluções significativas. Capacidade de encontrar soluções mesmo em ambiente desfavorável, mesmo com poucos recursos.

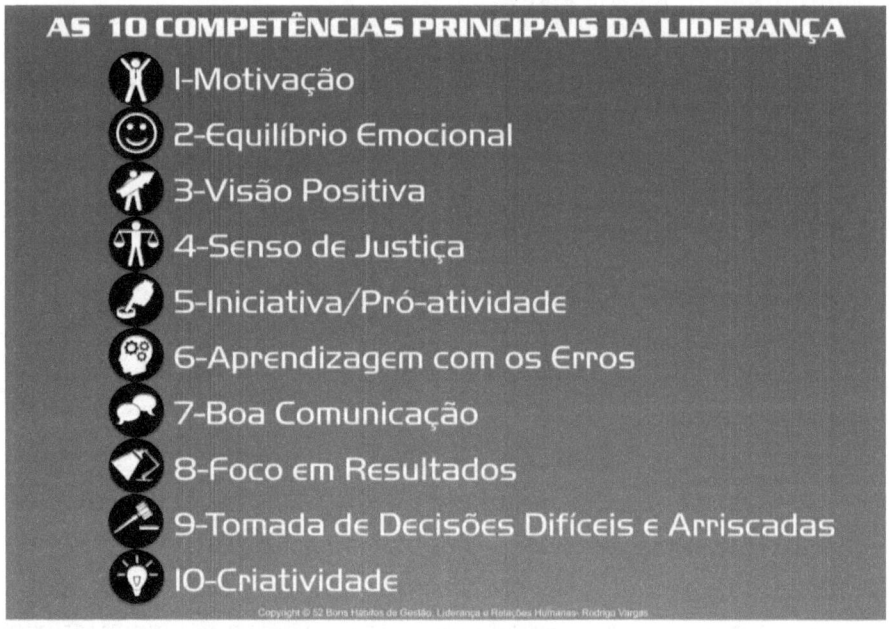

Sendo assim, fica claro que todo bom gestor deve ser também um bom um líder. De fato, existem bons gestores e maus gestores; gestores que têm a competência de liderança bem desenvolvida, e os que não. O fato é que aquele que assume profissionalmente o papel de gestor precisa ser também um bom líder para poder orientar e desenvolver a sua equipe, e obter os melhores resultados.

E acredite, se você buscar o desenvolvimento, a sua liderança poderá ser tão boa quanto os seus esforços! Ao exercitar e desenvolver essas competências, você terá muito mais facilidade para dar ordens, e isso aumentará a sua autoconfiança e melhorará o seu desempenho. Portanto, aproveite todas as oportunidades para desenvolver as 10 principais competências da liderança. Elas são, todas, direta ou indiretamente, abordadas ao longo dos capítulos desse livro.

Existem 3 dicas básicas sobre dar ordens e que são muito eficientes para orientar e determinar tarefas e procedimentos a um colaborador, de forma amigável, e perfeitamente cabíveis no dia a dia do gestor. Use-as conforme a situação:

Primeira: Quando for dar uma ordem, exponha um motivo:

   Ao invés de dizer:
-Fulano, faça isto já. Prefira dizer:
-Fulano, acredito que é melhor fazermos isto já devido a...! ou:
-Fulano, precisamos fazer isto já pelo fato de...!

   Se houver um prazo já estabelecido, diga-lhe isso:
-Fulano, temos que coletar todos os resultados dos índices de acompanhamento até, no máximo, amanhã, porque eu terei que analisá-los e enviá-los à diretoria já no dia seguinte.

Segunda: Faça perguntas, no lugar de dar ordens diretas:

   Quando isto pode ser feito? Quando você consegue terminar este trabalho?
Por exemplo, você precisa definir uma data para o encerramento de um trabalho. Peça que a pessoa sugira a data para você analisar. Se estiver adequada a sua necessidade, aprove-a. A vantagem é que o

compromisso do outro será muito maior, pois foi ele mesmo quem definiu a data.

Qual é a melhor maneira de corrigir isto?
Da mesma forma, faça com que a solução venha da própria pessoa, para aumentar o comprometimento na solução. Mesmo que você induza a um tipo de solução, faça com que a pessoa pense que a ideia foi dela.

O que você acha de prepararmos o relatório ainda nesta semana?
É sempre importante você ouvir quem vai executar a atividade, para entender como ela pensa em administrar o tempo, quais possíveis barreiras possam existir, qual o grau de dificuldade que possa existir, e qual o entendimento que ela tem daquilo que você precisa que seja feito.

Terceira: Desafie a pessoa:

Ao invés de dar uma ordem direta, você pode desafiar a pessoa. Veja alguns exemplos:

- Será que você consegue coletar os dados até o final do dia?
- Precisamos desse material o quanto antes, será que você é capaz de resolver essa questão?
- Entendo todas as dificuldades, mas será que você consegue encontrar uma alternativa que atenda às nossas necessidades?

Dar ordens, no sentido amplo, é muito mais do que determinar o que o outro deve fazer, significa envolver o membro da equipe em uma tarefa, fazendo com que ele acredite na importância de sua execução, com o objetivo de se obter o melhor resultado possível. Sendo assim, torne um hábito a utilização das formas amigáveis de dar ordens e determinar tarefas, pois são bastante eficazes e muito mais amistosas do que as ordens diretas. Você notará a diferença!

HÁBITO 6 - Aprenda a dar ordens!
RESUMO
Todo bom gestor deve ser um bom líder. Aproveite todas as oportunidades para desenvolver as competências de liderança.
Exponha um motivo, antes de dar uma determinação.
Faça perguntas, ao invés de dar uma ordem direta.
Desafie a pessoa.

7. Exponha uma opinião contrária de modo inteligente!

HÁBITO 7: EXPONHA UMA OPINIÃO CONTRÁRIA DE MODO INTELIGENTE.

Quando nos deparamos com a situação em que precisamos expor nossa opinião, e esta é contrária a da outra pessoa, precisamos usar de inteligência e habilidade, pois não queremos apenas dizer o que pensamos, pura e simplesmente, queremos que a outra pessoa realmente entenda o nosso ponto de vista. Sendo assim, uma técnica que podemos utilizar é a de expor a opinião contrária com uma evidência em primeiro lugar. Veja a seguir os passos que podemos seguir:

1) Primeiro Passo:
Responda ao interlocutor:
-*Entendo seu pensamento*, ou,
-*Entendo o que você quer dizer*, ou,
-*Compreendo sua colocação*.
Repita, então, o que a pessoa disse: *"você está me dizendo que..."* ou *"se eu entendi bem, você está dizendo..."*

2) Segundo Passo:
Em seguida, entre com sua evidência (um fato, um dado estatístico, um incidente, uma analogia, uma reportagem, um trabalho científico, um artigo publicado, uma matéria de uma revista, etc.) começando com:
-*Quando você diz isso, eu lembro de que...*, ou,
-*Ao você mencionar isto, me faz lembrar...*

Expondo seus argumentos, você já demonstrará que não está discordando sem motivos. Os motivos existem e devem, então, ser levados em consideração. Esta é a mensagem que você estará dando a outra pessoa, assim que você expõe seus motivos. É como se você dissesse:
-Ei! Olhe também o meu ponto de vista.

3) Por último, diga sua opinião:
- Portanto, eu sou a favor de (ou contra) ...

Certa vez, quando eu era responsável pela Produção de uma multinacional, e num período em que, por conta de atrasos de chegada de matéria-prima, estávamos trabalhando na linha de montagem em ritmo pesado, utilizando toda hora extra possível, ao encontrar o CEO no corredor, ele me perguntou algo assim: - Vamos trabalhar nesse domingo para colocarmos em dia o próximo embarque, certo?
No que eu respondi mais ou menos isso: - Entendo sua preocupação em trabalhar no domingo para colocar a produção em dia, porém, o pessoal tem vindo de uma carga pesada de

trabalho e eu tenho visto isso nos olhos de cada um. Baseado nisso, quero dar esse domingo de descanso, mas retomaremos as horas extras na segunda, e daremos conta da produção!
Ele aceitou meu argumento para justificar que não iríamos trabalhar no domingo, embora tenha parecido um pouco contrariado. Naquela mesma tarde, um dos nossos operadores da linha de montagem teve um desmaio. Por sorte, nada de mais grave ocorreu e o operador logo em seguida já estava recuperado e bem. Pouco tempo depois disso, sabendo da notícia, o CEO veio até mim para se assegurar de que não iríamos mesmo trabalhar domingo, preocupado que ocorresse algum problema. Você quer saber se conseguimos atingir nosso objetivo de produção sem o tal domingo? Sim! Fizemos a produção que precisávamos e embarcamos todo o produto acabado conforme programado!

Esse exemplo me faz pensar como é importante sabermos colocar nossa opinião (e no momento certo), e essa técnica simples, ajudará você a expor sua opinião contrária de forma cortês e inteligente, evitando ser omisso ou ausente, e procurando fazer com que a outra pessoa entenda seu ponto de vista. A evidência que você estiver utilizando vai validar a sua resposta.

HÁBITO 7 - Exponha uma opinião contrária de modo inteligente!
RESUMO
Exponha uma opinião contrária com uma evidência.

Siga os três passos:
  1. Repita o que a pessoa disse
  2. Exponha um fato alinhado com sua opinião
  3. Por último, dê sua opinião

8. Coloque as pessoas de sua equipe onde elas rendem mais!

**HÁBITO 8:
COLOQUE AS PESSOAS DA SUA EQUIPE ONDE ELAS RENDEM MAIS.**

Este eu classifico como o ponto-chave para você obter bons resultados de uma equipe. Conhecer as pessoas que você tem na sua equipe, e conhecer as suas competências (tratamos aqui competências como sendo o conjunto de conhecimentos, habilidades e atitudes), é fundamental para adequar cada um na função onde possa desempenhar melhor. Infelizmente, algumas vezes você pode concluir que a pessoa não tem as competências necessárias para nenhuma das funções e atividades que você tem na sua área. Isto quer dizer que você tem duas alternativas; se a pessoa demonstra ter potencial, você a treina; se não, você a substitui.

Depois da publicação dos trabalhos do prof. Gardner, de Harvard, sobre as inteligências múltiplas (lógica, musical, sinestésica, interpessoal, intrapessoal, espacial e linguística), podemos entender que não existe uma pessoa sem competências, mas sim, pessoas que não têm as competências para um determinado trabalho, e que pode, em outra função, fazer um trabalho melhor e ser mais feliz.

Lembro de um operador de linha de produção, cujos índices de erro na montagem eram muito altos. Após algumas conversas com ele, acabei por demiti-lo. Ficou claro que aquele trabalho não era para ele. Tempos depois soube que o rapaz estava trabalhando em uma atividade que exigia competências bem específicas, como ter habilidade para trabalhar em grandes estruturas, a grandes alturas. Um trabalho para poucos. Ou seja, ele era muito competente, mas não na função que ele exercia naquela linha de montagem.

Em outra empresa, havia um analista de planejamento de materiais que estava com um desempenho insatisfatório. Conversando com o coordenador da área, vislumbramos uma possibilidade dessa pessoa trabalhar como almoxarife em uma vaga que havia sido aberta. O que vimos foi que, de um analista com desempenho insatisfatório, conseguimos um bom almoxarife, que desempenhou muito melhor suas atividades, pois naquela função, as competências requeridas eram outras.

E tenha em mente que ter pessoas competentes na função é o primeiro passo para montar uma **equipe de alto desempenho**, cujos requisitos são:

1. Pessoas com as competências certas: ou seja, cada posição numa Organização exigirá um determinado conjunto de competências, cabe ao líder, ter certeza de que cada membro da equipe preenche os requisitos. É aquele velho (mas cada vez mais importante) chavão: "cada um no lugar certo". Se isso não ocorrer, se faltar competência para o membro da equipe, isso comprometerá diretamente os resultados. O líder, na sua função, deve procurar: ou desenvolver a pessoa (se perceber potencial), ou transferir para outra área onde essa pessoa possa preencher uma necessidade baseada nas suas competências, ou, em último caso, desligar a pessoa.
2. Processos definidos: se não estiver claro como executar o processo, obviamente o resultado também estará comprometido. Imagine, para entender o quanto isso é importante, jogar uma partida de futebol sem entender plenamente as regras do jogo.
3. Responsabilidades claras: sim, muita gente tem medo de carregar responsabilidade, mas isso deve ficar claro.

Quem faz o que, quando e até que ponto vai seu nível de autoridade ou autonomia.
4. <u>Metas estabelecidas</u>: esse ponto parece óbvio, mas muita gente negligencia. Para marcar um gol, é preciso saber qual é o nosso lado do campo.
5. <u>Autodisciplina</u>: sem disciplina nenhum trabalho é bem-feito. Disciplina é a nossa capacidade de executar e controlar. A autodisciplina é a disciplina motivada por cada um, é uma competência interna que facilita a cada um o cumprimento de seus objetivos.

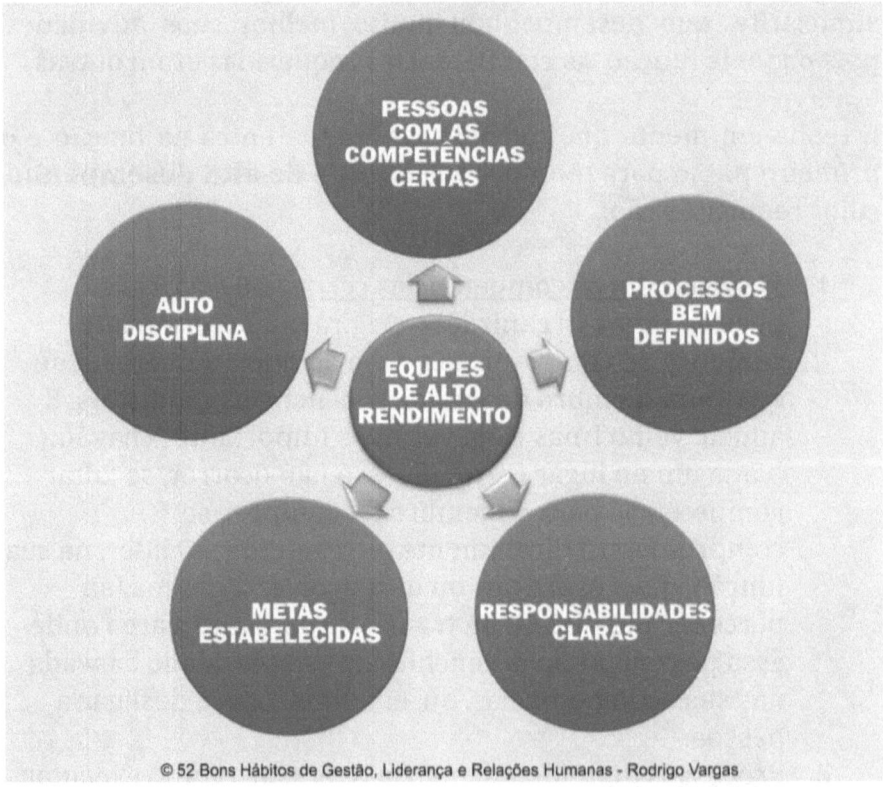

© 52 Bons Hábitos de Gestão, Liderança e Relações Humanas - Rodrigo Vargas

Colocar as pessoas certas, nos lugares certos, como um técnico de futebol, essa é a grande tarefa de um gestor!

HÁBITO 8 - Coloque as pessoas de sua equipe onde elas rendem mais!

RESUMO

Conheça as pessoas de sua equipe e as suas competências.
Competência é o conjunto de: conhecimentos, habilidades e atitudes.
Coloque a pessoa na atividade para a qual ela tem competência.
Pessoa sem competência para a função, mas com potencial, pode ser treinada.
Pessoa sem competência e sem potencial deve ser substituída.
Forme equipes de alto desempenho com pessoas competentes, processos bem definidos, responsabilidades claras e autodisciplina.

9. Relacione tarefas a nomes!

Seja para as atividades de rotina, planos de ação, ou para as atividades de projeto, cada membro de sua equipe deve saber exatamente o que deve fazer, qual a responsabilidade que lhe cabe e quais as datas relacionadas, entre outras informações. Bola dividida, normalmente, dá problema! Isto é fundamental: a cada tarefa deve haver um único responsável, mesmo que outras pessoas estejam também envolvidas, esse responsável será encarado como o gestor dessa atividade específica. Fazendo isto, você compromete especificamente uma pessoa. É esta a pessoa que deverá responder pelo resultado. Todos da equipe devem ter, cada um, suas tarefas e objetivos próprios a atingir. Isto é o que faz as pessoas se motivarem e produzirem.

Em determinadas situações, você poderá pedir um plano de ação, seja para a melhoria de um processo, produto, ou mesmo para o desenvolvimento profissional. Em qualquer das situações, vale sempre a premissa de alinhar a tarefa a um nome específico.

Veja na figura a seguir, um modelo muito simples de plano de ação, e os campos que pode conter:

[Tabela: Plano de Ação com colunas Ações/Atividades, Descrição Auxiliar, Responsável, Data Início, Data Fim, Custo, Situação, Observações]

Balão de fala: "Esse é um modelo básico, mas lembre-se de que disciplina, acompanhamento, e comunicação são os fatores críticos de sucesso em qualquer plano de ação ou projeto!"

Acesse o GestaoIndustrial.com e verifique, na página de Downloads Gratuitos, o arquivo do modelo de Plano de Ação em planilha eletrônica.

Mas, e se houver necessidade de abrir um projeto, dadas as condições de complexidade maior das atividades, ou do número maior de pessoas envolvidas? Disse-me uma vez um amigo meu, especialista em gestão de projetos, que, quando houver necessidade de estabelecer um projeto formal, procure elaborar ao menos um cronograma, uma análise de custos (quanto e de onde vêm os recursos) e uma análise de riscos (há riscos? quais e o que será feito se ocorrerem). Ao elaborar um cronograma de atividades, para cada tarefa, relacione um único responsável, mesmo que esta tarefa envolva mais pessoas. Além da figura do responsável, as outras pessoas poderão aparecer listadas como:

- apoiadores: aqueles que tem poder político ou podem liberar os recursos necessários,
- suporte: aqueles que podem ser chamados para atividades eventuais, como um especialista,
- colaboradores-chave: é o time do projeto, ou seja, aqueles que têm um tempo significativo dedicado ao projeto.

Existem no mercado softwares específicos para acompanhamento de projetos, onde é muito fácil monitorar as atividades e suas evoluções, mas, se o custo das licenças é uma restrição, ou ainda, se o conhecimento de todos sobre o uso do software para acompanhamento for outra restrição, você pode obter bons resultados com uma simples planilha eletrônica, ou ainda, qualquer quadro resumo, em que você tenha, ao menos, as informações seguintes:

1. Qual é o nome da atividade-macro;
2. Qual é o nome da subatividade: Faça uma descrição tão sucinta quanto possível, e tão detalhada quanto necessário;
3. Qual o nome do responsável pela atividade ou tarefa;
4. Indique os apoiadores;
5. Indique quem são os colaboradores de suporte;
6. Indique os colaboradores-chave (é o time de projetos);
7. Custos - quanto e de onde vêm os recursos;
8. Riscos - há riscos? quais e o que será feito se ocorrerem;
9. Cronograma com um sinalizador (você pode usar o amarelo para um atraso de até 20%; e vermelho, se o atraso for maior do que 20%);
10. Qual o status atual da atividade (aberta ou fechada);
11. Um campo de observações, para comentários em geral.

Procure, na página de Downloads Gratuitos do GestaoIndustrial.com, o arquivo com um modelo básico de Gestão de Projetos em planilha eletrônica.

Obviamente, se você tiver muitas atividades, ações e projetos em sua área, poderá querer adotar práticas e metodologias de maior calibre, e isso dependerá, além de sua necessidade, da disponibilidade de recursos financeiros. Se a planilha eletrônica para acompanhamento de projetos é, por um lado, acessível a todos, fácil de usar, e de baixo custo (inclusive porque existem opções de software livre), por outro, é bastante limitada. Existem no mercado, como já mencionamos, softwares de gestão de projetos bastante avançados, como o Project (Microsoft) e o Primavera (Oracle), com muito mais recursos, porém, com um custo bem maior.

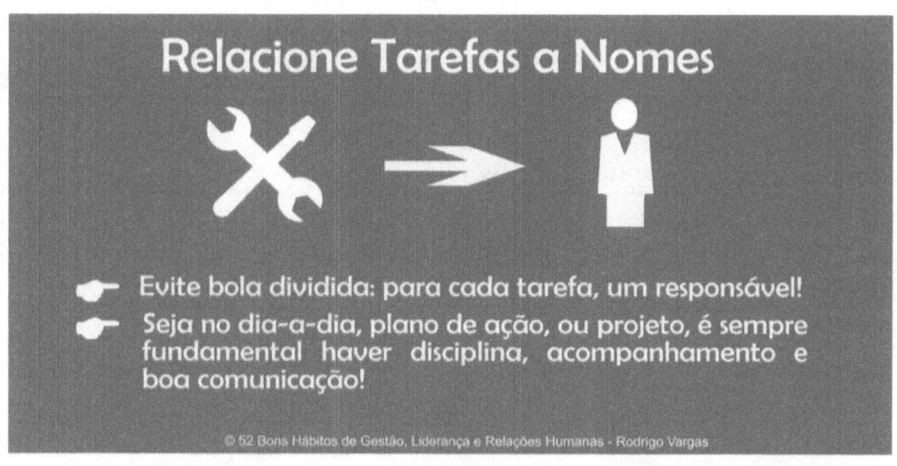

Caberá sempre uma boa análise crítica para estabelecer o modo de gestão das atividades, no entanto, o ponto chave será sempre o de relacionar uma tarefa a um nome, comprometendo a pessoa de modo a fazê-la sentir-se dona daquela atividade, e motivada a completá-la.

HÁBITO 9 - Relacione tarefas a nomes!
RESUMO

No dia a dia, não deixe espaço para bola dividida, cada um na sua equipe deve saber exatamente o que deve fazer.

Se houver necessidade de estabelecer um projeto formal, elabore ao menos um cronograma para as atividades, uma análise de custos e uma análise de riscos.

Lembre-se de que são as pessoas que fazem as atividades acontecerem, por mais elaborados que sejam os controles de projeto, portanto, só pessoas comprometidas irão contribuir.

Em gestão de projetos, utilize meios de acompanhamento, seja um software, ou mesmo uma planilha eletrônica, e disponibilize meios para todos os envolvidos estarem informados.

Tenha em mente que disciplina, acompanhamento, e comunicação são os fatores críticos de sucesso em qualquer atividade, plano de ação ou projeto.

10. Lidere reuniões!

HÁBITO 10: LIDERE REUNIÕES.

Certamente, numa função de gestão, você terá que se defrontar com a tarefa de liderar reuniões. Ainda que sejam importantes e fundamentais em várias situações da vida corporativa, quando mal lideradas, as reuniões podem se transformar em destruidoras da produtividade e desperdiçadoras do tempo.

Quando me perguntam se eu recomendo fazer as reuniões em pé, para ser mais breve e objetiva, eu pergunto: Você almoça em pé? E, para quebrar o silêncio enigmático que vem depois da pergunta, eu mesmo respondo: Eu, somente em raras situações! É claro que estamos falando de duas coisas diferentes, mas, guardadas as devidas proporções, a comparação serve para uma interessante reflexão. Se eu estiver no aeroporto, buscando um lugar para comer, mas não encontrar um lugar para sentar, eu provavelmente almoçarei um sanduíche, em pé. Quando corro uma maratona (e eu demoro um bocado!) lá pelo quilômetro 21 eu como duas bananas, enquanto mantenho meu trote, mais um sachê de carboidrato e um isotônico, e isso é meu almoço! O que eu quero dizer é que, em determinadas situações, bem específicas, a reunião em pé pode ser uma boa opção. Por exemplo, eu realizava reuniões de produção na linha de montagem, fazendo um resumo do dia anterior, falando de problemas e soluções da produção, repassando as questões mais importantes do dia, e dando a oportunidade a todos de falar. Essa reunião durava em média 15 minutos, e era feita em pé. Preparava o time para o trabalho, e era uma boa solução.

Também participei de reuniões de "análise de material não conforme", onde analisávamos a possibilidade de retrabalho das várias peças, e essa reunião era em pé, na própria área de material não conforme, no chão de fábrica, e, também, posso dizer que era uma boa solução. Mas, deixar as pessoas em pé, apenas com o objetivo de "apressar o passo", não me parece a melhor alternativa, pois, as dicas que veremos a seguir são muito mais eficazes. Por isso, penso que na maioria das situações a posição sentada é a mais adequada. Mas, cada caso é um caso, e o fundamental é entender o que realmente é preciso fazer para que as reuniões sejam produtivas.

Para liderar reuniões eficazes, e obter produtividade e objetividade, tenha sempre em mente alguns pontos principais:

As Regras Básicas Para Quando For Liderar Reuniões:

Durante a Reunião

1. **Comece no horário.** Lembre-se de que, por padrão, **a sua reunião deve iniciar exatamente no horário marcado**. Acostume-se a isso, e seus colegas aprenderão que você é pontual, e isso evita o círculo vicioso do atraso: "Alguém atrasa porque sabe que os outros atrasam, e assim a maioria atrasa." Em condições onde o atraso de alguém seja impeditivo para o início, ou realização da reunião, explique a todos o fato, procure entrar em contato com a pessoa, e estabeleça um tempo limite; caso perceba que o atraso será muito mais que 10 minutos, desculpe-se com todos, e prefira remarcar para outro horário. Em reuniões onde a presença de alguém era fundamental (um diretor, por ex.), costumava lembrar o profissional sobre o compromisso e confirmar que estava tudo ok para sua presença. E, se houvesse algum atraso, também procurava a pessoa depois, pedindo especial colaboração no sentido de manter as reuniões sempre pontuais.

2. **Relembre a todos,** logo no início da reunião (e sempre que necessário) **o propósito da reunião,** ou seja, a pauta e o(s) objetivo(s), o horário para término, e qualquer outra informação relevante e cabível para demonstrar a importância de estarem todos ali reunidos.

3. **Controlar o andamento da reunião, desde o seu início, monitorando o tempo e o foco no assunto da reunião.** Uma das coisas mais fáceis numa reunião é você se perder no tempo. Isto acontece por várias razões, dentre elas: porque tem pessoas que falam muito e são prolixas, ou porque tem gente que sempre desvia o assunto, ou porque as pessoas querem entrar num nível de profundidade descabido. Estimule quem não se pronuncia (fazendo perguntas, por exemplo), a falar e dar sua opinião, e procure, com polidez, mas com firmeza, encurtar a fala dos prolixos; sempre baseado no fato de que precisamos ser objetivos e ouvir todos, respeitando, sempre, o horário estabelecido. Em último caso, naquelas exceções em que não se consiga terminar o assunto no tempo programado, adote uma das duas hipóteses: ou você combina um tempo extra, uma prorrogação de horário com o objetivo de chegar a uma conclusão, ou marca um novo dia/horário com essa finalidade. Isso serve para educar e disciplinar os participantes, fazendo com que, em novos encontros, todos cooperem mais. Lembre-se de que, em reuniões em que você esteja liderando, o que vai ser discutido, ou não, é prerrogativa sua. Não permita que usem a sua reunião para discutirem o novo layout do escritório, as novas regras para o campeonato de futebol ou a qualidade da refeição servida na empresa, ou qualquer outro assunto que fuja ao escopo por você estabelecido. Se for cabível, marque outra reunião específica para discutir o assunto novo (se o assunto for de sua responsabilidade, é claro).

4. **Mantenha o respeito e a disciplina**, e evite **interrupções externas,** tais como: telefonemas ou

recados. Solicite a todos que deixem o *smartphone* no modo "silencioso", ou ainda que o depositem em uma caixa com essa finalidade, dentro ou fora da sala, ou ainda que o deixem com uma pessoa de sua confiança, que não esteja na reunião. A concentração fica muito prejudicada com o festival de sons que vem de todos os celulares, e, também com a própria distração que causa o fato do participante querer verificar uma mensagem, ou chamada. Tudo é uma questão de hábito e, se houver interesse da alta direção da empresa, essas práticas podem ser adotadas extensivamente e com bons resultados.

Dê espaço para que todos participem e manifestem suas opiniões, respeitando o tempo, é claro! Não permita que haja monopolização de quem quer que seja, e isso você consegue dando o ritmo à reunião, e passando a fala de um para outro. Também não permita atitudes não profissionais, mantendo o decoro e o bom ambiente (disciplinado, leve e agradável), propício ao trabalho produtivo. Certa vez, precisei, discretamente, pedir a um colega que tirasse o pé da cadeira ao lado, pois ele se sentava como se estivesse na sala de estar de sua casa. Penso que a maioria dos presentes deva ter percebido, mas não há como levar adiante uma reunião sem o mínimo de compostura, pois nossa atitude gestual sempre nos remete à nossa atitude mental. Postura relaxada (que é bom e produtivo) não deve ser confundida com postura desleixada (que é ruim e contraproducente). Tenha a certeza de que os bons profissionais valorizam o respeito e o bom ambiente, e o momento da reunião deve ser tão breve e tão produtivo quanto possível! Veja, ao final dessa sequência de regras básicas, uma lista com os tipos mais destrutivos de uma reunião, como identificá-los e o que fazer para eles não acabarem com a produtividade de sua reunião.

5. **Quando decisões devam ser tomadas**, há, normalmente, duas alternativas: decisão **por consenso** (quando se busca a convergência de todos a um

denominador comum), **ou por votação.** Buscar o consenso, em algumas situações, pode consumir um tempo considerável, portanto, reflita sobre o custo-benefício de um ou outro método de decisão.

6. Se, durante a reunião, foram discutidas ações específicas a serem tomadas, **estabeleça claramente essas ações, com prazos e responsabilidades bem definidas.**

Após a Reunião

7. **Emita uma ata de reunião,** em até 24 horas, com todas as informações relevantes advindas da reunião, principalmente, eventuais decisões, ou planos de ação, com seus responsáveis e datas. Quando for possível criar a ata, no momento da reunião, aproveite e pegue a assinatura de todos (isso tem um efeito surpreendente, intensificando o comprometimento de todos!). Procure no GestaoIndustrial.com, na seção de Downloads Gratuitos, o arquivo do modelo de Ata de Reunião.

8. **Distribua a ata de reunião a todos os interessados** e envolvidos com o assunto, não apenas aos participantes da reunião.

9. **Realize o follow-up**, sempre que necessário, para ter certeza de que as ações e decisões tomadas na reunião estão sendo cumpridas.

O Participante, por sua vez, deve contribuir, tendo em mente os seguintes pontos:

Durante a Reunião

1. **Colaborar para fazer valer os horários de início e término da reunião.** Procurar chegar na sala de reunião com 5 minutos de antecedência.
2. Ser **objetivo nos comentários** e na participação.
3. Colaborar para manter o **respeito e a disciplina.** Manter seu *smartphone* no modo silencioso.
4. **Não manter conversas paralelas** ou cochichos com o colega, pois isso distrai e dispersa a atenção dos presentes.

Após a Reunião

1. **Cumprir com as tarefas** acordadas durante a reunião.

Os 9 Papéis Mais Destrutivos Numa Reunião:

É importante frisar que esses são os tipos que eu mais vi nas incontáveis reuniões em que estive, como líder ou participante, nas diversas Organizações pelas quais passei. Também já vi algumas pessoas assumindo mais de um papel, por exemplo, o folgado e o sabe-tudo, o estúpido e o desinteressado, numa mesma reunião, ou em reuniões diferentes. Existem, obviamente, outros tipos e variações, mas eu penso que identificar e saber lidar com esses nove papéis proporcionará a você competência para lidar com os demais. Veja-os a seguir, e qualquer semelhança com a realidade não é mera coincidência:

O Folgado:
- **Características:** Faz chacota com tudo e todos. Conta piadas, faz brincadeiras. É capaz de atender o celular em plena reunião, ou ficar mexendo nas funções do seu *smartphone*, desviando a atenção dos demais participantes da reunião.
- **Consequências:** Perda de tempo, confusão, dispersão e falta de concentração.

- **Possíveis Ações**: Valorize o tempo de todos, pedindo colaboração para focar no tema da reunião. Avance no assunto. Corte as brincadeiras, ignore-as, siga em frente. Se for preciso, pare a reunião e peça, polidamente, o esforço de todos para que a reunião seja o mais produtiva possível. Lembre a todos os prazos envolvidos, e a necessidade de se chegar a bom termo.

O Sabe-Tudo:
- **Características:** Interrompe a todo o momento para dar suas ideias (fica só esperando a deixa), e quer sempre monopolizar a discussão. Quer mostrar que tem solução para tudo, mas quase sempre erra a pontaria.
- **Consequências:** Tira a oportunidade dos outros de falarem e darem opiniões, e faz com que muitos se desinteressem pelo tema da reunião.
- **Possíveis Ações:** Agradeça a contribuição dele, olhe para os outros membros e diga que você quer ouvir todos. Inquira os demais, force a contribuição de outros para evitar a visão apenas do "sabe-tudo".

O Estúpido:
- **Características:** Critica tudo e todos, faz chacota das ideias dos outros. É irônico, é contestador, gasta energia brigando.
- **Consequências:** Bastante danosas, intimida os demais, rouba a criatividade do grupo.
- **Possíveis Ações:** Não permita a falta de respeito. Se for necessário, peça em alto e bom som a colaboração de todos para manter um ambiente de respeito e igualdade, onde todos tenham a oportunidade de falar e opinar, e enfatize que as brincadeiras podem ser mal interpretadas, por isso é melhor evitá-las em reunião. Não entre em conflito, você é o líder da reunião, é você que manda. Toque o barco rumo ao objetivo proposto.

O Desinteressado:
- **Características:** Está sempre sem foco, sem interesse em ajudar, não colabora, não tem informação. Pode assumir a personalidade do "sabotador" (que quer propositadamente que as coisas não deem certo e faz tudo para isso), ou do "complicador" (que é complicado por natureza, dificultando tudo).
- **Consequências:** Perda de rendimento da reunião e das ações.
- **Possíveis Ações**: Evite esse tipo! Ele não agrega valor. Busque ter na reunião, ou o superior a ele, ou um liderado dele, se houver possibilidade. Caso tenha que tê-lo na reunião, seja firme, e enfatize que as necessidades não são suas, mas da Organização. Bloqueie as tentativas de "sabotar" ou "complicar", mantendo toda a seriedade necessária, e todo o bom humor possível.

O Fora de Hora:
- **Características:** Nunca chega no horário, ou sai antes do final. Ele gosta de se fazer de importante!
- **Consequências:** Se for uma pessoa-chave, atrasa a reunião; se não, distrai a atenção dos demais. Atrapalha o andamento da reunião.
- **Possíveis Ações:** Se for realmente a presença dele necessária, e você já conhece o tipo, fale antecipadamente com ele, antes da reunião, pedindo sua colaboração para começar no horário. Se houver atraso, e a pessoa se desculpar ao entrar, aceite as desculpas; se a pessoa não falar nada, você pode, simplesmente, ignorar.

O Cochichador:
- **Características:** É aquele que só conversa ou dá ideia para o colega ao lado.
- **Consequências:** Distrai a atenção do líder, dispersa a atenção de alguns ao seu redor. Muitas vezes, boas ideias são perdidas.
- **Possíveis Ações:** Peça para a pessoa compartilhar com todos sua opinião. Sempre que a vir cochichando, pergunte a ela sua opinião. Diga que as melhores reuniões são aquelas em que todos falam, e todos ouvem, cada um no seu tempo.

O Mudo:
- **Características:** Não contribui com nada, você tem que fazer esforço para extrair seu pensamento.
- **Consequências:** Assim como com o cochichador, boas ideias podem ser perdidas por falta de serem devidamente comunicadas durante a reunião.
- **Possíveis Ações:** O mais das vezes é uma pessoa tímida, por isso, pergunte diretamente a ela, mostre interesse pela sua opinião, e insista várias vezes.

O Fora de Órbita:
- **Características:** Sempre longe da realidade e distante da praticidade. Em algumas situações, é aquele cara extremamente teórico, mas que nunca consegue entender a realidade, ou permitir que seu conhecimento se aplique a ela.
- **Consequências:** Você pensa que pode contar com ele, mas acaba tendo muita dificuldade em aproveitar seu conhecimento, ou obter ações objetivas em benefício do trabalho.
- **Possíveis Ações:** Requer habilidade para fazê-lo aterrissar. Normalmente, precisa de orientação para fazê-lo ser mais objetivo. Você pode procurá-lo antes da reunião, para direcionar e digerir o assunto com ele previamente, buscando maior aproveitamento durante a reunião.

O Dispersivo:
- **Características**: Sua especialidade é desviar o assunto a qualquer momento. É um sujeito que gosta de conversar, e inicia um outro tema na primeira oportunidade. É um tipo muito frequente nas Organizações.
- **Consequências**: Muitas vezes está bem-intencionado, mas divaga de tal modo que é improdutivo. Se você deixar, perderá todo o tempo de sua reunião com outros assuntos.
- **Possíveis Ações**: Traga-o para o caminho certo e coloque-o no rumo. Diga que é preciso manter o foco, e seguir com o tema proposto. Qualquer outro tema levantado na discussão, pode até ser legítimo, mas deve ser discutido em outro fórum.

HÁBITO 10 - Lidere reuniões!
RESUMO

Durante a Reunião

Líder da Reunião

1. **Cumpra com pontualidade os horários de início e término da reunião.** Procure chegar à sala de reunião com 10 minutos de antecedência.
2. **Lembre a todos, no início da reunião** (e sempre que necessário) o **propósito** da reunião (assuntos e objetivos), **horário, prazos** e o que mais for relevante.
3. Co**ntrole o andamento da reunião para manter o foco na pauta e no tempo** previamente estabelecido.
4. Mantenha o **respeito e a disciplina**, deixe que todos se manifestem, e **evite interrupções externas**, tais como: telefonemas ou recados. Solicite a todos que silenciem seus *smartphones*.
5. Se houver **necessidade de decisão**, defina se a buscará **por consenso ou por votação**.
6. **Estabeleça ações, prazos e responsabilidades**, quando aplicável.

Participante

1. **Colabore para fazer valer os horários de início e término da reunião.** Procurar chegar à sala de reunião com 5 minutos de antecedência.
2. Seja **objetivo nos comentários** e na sua participação.
3. Colabore para manter o **respeito e a disciplina.** Mantenha seu *smartphone* no modo silencioso.
4. **Não mantenha conversas paralelas** ou cochichos com o colega, pois isso distrai e dispersa a atenção dos presentes.

Após a Reunião

Líder da Reunião

1. **Emita uma ata da reunião** em até 24 horas, no máximo, após a reunião.
2. **Distribua cópia da ata** a todos os envolvidos, não apenas aos participantes.
3. **Realize follow-up**, quando aplicável.

Participante

1. **Cumpra com as tarefas acordadas durante a reunião.**

Preparei um quadro-resumo chamado Reuniões Eficazes, abrangendo tanto os pontos básicos do hábito 4, "Saiba como marcar reuniões eficazmente", quanto do hábito 10, "Lidere reuniões". Verifique sua disponibilidade em arquivo PDF ou JPG, na página Downloads Gratuitos do GestaoIndustrial.com, caso queira imprimi-lo.

REUNIÕES EFICAZES - RESUMO

	ANTES DA REUNIÃO	DURANTE A REUNIÃO	APÓS A REUNIÃO
LÍDER DA REUNIÃO	1. Analisar criticamente se a reunião é necessária, ou se uma conversa informal na mesa com algumas pessoas não resolveria a situação. 2. Caso a reunião seja realmente necessária, **definir a pauta** (os temas que serão abordados), o **tipo de reunião** e o **objetivo** (o que queremos ao final dela). O tipo de reunião poderá ser: **informativa** (onde haverá divulgação de informações ou resultados), **deliberativa** (onde haverá tomada de decisão), **avaliativa** (onde haverá processo de monitoração, análise ou avaliação), **de planejamento** (em que haverá trabalho de planejamento vinculado a um processo ou uma ação), **de projeto** (reunião vinculada a um projeto específico), de **brainstorming** (com o objetivo de criar ideias ou produzir alternativas a determinada questão). 3. **Definir os participantes**: seja crítico e convoque apenas aqueles que, além de envolvidos no tema, tem condições de discutir e contribuir. 4. Pedir para aquele que não puder comparecer, que envie um substituto com autoridade delegada. 5. Estabelecer a duração adequada da reunião, com início e término. 6. Verificar a disponibilidade da sala mais adequada e faça a reserva. 7. Enviar a convocação aos participantes, com tempo hábil. 8. Caso seja preciso, enviar o material necessário aos participantes.	1. Cumprir com pontualidade os **horários de início e término da reunião**. Procurar chegar à sala de reunião com, pelo menos, 10 minutos de antecedência, e testar os equipamentos necessários. 2. Lembrar a todos, no início da reunião (e sempre que necessário), o **propósito da reunião** (assuntos e objetivos), horário, prazos e o que mais for relevante. 3. Controlar o andamento da reunião para manter o foco na pauta e no tempo previamente estabelecido. 4. Manter o respeito e a disciplina, deixando que todos se manifestem, e evitar interrupções tais como: telefonemas, recados e qualquer coisa que disperse a equipe. Solicitar a todos que silenciem seus *smartphones*. 5. Se houver necessidade de decisão, definir se a buscará por consenso ou por votação. 6. Estabelecer ações, prazos e responsabilidades, quando aplicável.	1. Emitir uma ata da reunião em até 24 horas, no máximo, após a reunião. 2. Divulgar a ata a todos que devam ter conhecimento do assunto e das decisões tomadas. 3. Realizar follow-up, quando aplicável.
PARTICIPANTE	1. Responder à convocação, confirmando a presença, justificando a ausência, enviando um substituto, ou negociando alternativa. 2. Preparar-se para a reunião, lendo o material enviado, ou produzindo material requerido.	1. Colaborar para fazer valer os horários de início e término da reunião. Procurar chegar na sala de reunião com 5 minutos de antecedência. 2. Ser objetivo nos comentários e na participação. 3. Manter o respeito e a disciplina. Manter seu *smartphone* no silencioso. 4. Não manter conversas paralelas ou cochichos com o colega, pois isso distrai e dispersa a atenção dos presentes.	1. Cumprir com as tarefas acordadas durante a reunião.

© 52 Bons Hábitos de Gestão, Liderança e Relações Humanas - Rodrigo Vargas

11. Faça, pelo menos, um elogio por dia!

Este é um excelente hábito de relações humanas e tornará você uma pessoa mais simpática. Você vai obter cooperação das outras pessoas com muito mais facilidade. Experimente com sua equipe de trabalho, e você poderá obter resultados incríveis. Mas, lembre-se, faça sempre um elogio verdadeiro! Quando for elogiar, encontre realmente algo em que você acredita que a outra pessoa demonstrou motivos para ser elogiada.

Os elogios funcionam como um ativados das relações sociais, e o trabalho é, antes de tudo, um grande exercício de relações sociais. Elogios feitos corretamente, no momento certo, são capazes de criar uma enorme quantidade de energia positiva, não apenas na pessoa que recebeu o elogio, mas no ambiente como um todo, e em você, que fez o elogio.

Um estudo realizado pelo Instituto Nacional de Ciências Fisiológicas do Japão, liderado pelo professor Norihiro Sadato, publicado em 2012, encontrou provas científicas de que uma pessoa tem um desempenho melhor quando recebe um elogio após completar um exercício. O professor Sadato concluiu seu estudo afirmando que, para o cérebro, receber um elogio é uma recompensa social comparável a receber uma recompensa em dinheiro, pois suas pesquisas mostraram que a mesma área do cérebro é ativada em ambas as situações. Incrível, não!

Mas, lembre-se de que é fundamental, para fazer um elogio corretamente, que ele seja verdadeiro reconhecimento de algo louvável, de algum esforço considerável, de um comprometimento admirável, de um trabalho bem-feito, ou de uma atitude admirável. Por isso, como um gestor, você deve treinar a sua atenção para, assim que perceber um motivo para elogio, fazê-lo de forma honesta e sincera. Mas, obviamente, você não precisa esperar ser um gestor para fazê-lo, pois elogiar é algo que pode ser feito por qualquer um, desde que haja motivação justa.

Por exemplo, se você for dizer a um colega de trabalho que gostou muito de seu relatório, diga o porquê (por exemplo: "Gostei muito de seu trabalho porque percebi que estava bem objetivo e com dados precisos e atualizados."), se for dizer a um colega de trabalho que gostou de sua apresentação, explique o porquê (por exemplo: "Foi um tema interessante, bem apresentado, e com uma postura muito boa."). Acima de tudo, seja sincero em suas palavras, pois, do contrário, se os elogios não forem legítimos, e soarem como bajulação (que não é difícil perceber), o efeito poderá ser o contrário, provocando desconfiança da outra parte, podendo, inclusive, comprometer o relacionamento.

FAÇA PELO MENOS UM ELOGIO POR DIA

- 👍 Seja verdadeiro no elogio!
- 👍 Busque valorizar os pontos positivos da pessoa!
- 👍 Não invente elogios do nada, pois parecerá falso!
- 👍 Aproveite as oportunidades criadas naturalmente!
- 👍 Explique como percebeu determinada qualidade, razão do elogio:
"Gostei da sua apresentação porque foi bastante objetiva!"
"Parabéns, seu relatório tinha informações muito relevantes"

Tenha em mente que todo mundo gosta de receber elogios, não apenas você e eu. Portanto, quando você elogia alguém, você está construindo uma relação amigável e positiva com a pessoa. É muito fácil elogiar, e obtemos resultados muito bons. No entanto, acredito que, em geral, o fazemos muito menos do que poderíamos. Portanto, aproveite as oportunidades que tiver, e experimente fazer belos e verdadeiros elogios.

HÁBITO 11 - Faça, pelo menos, um elogio por dia! RESUMO
Faça, pelo menos, um elogio por dia.
Seja sincero ao elogiar.
Procure enaltecer os pontos positivos da pessoa.
Elogios sinceros provocam o mesmo efeito no cérebro que recompensas financeiras.
As pessoas tendem a melhorar seu desempenho após um elogio.

12. Demonstre sempre uma postura séria!

HÁBITO 12: DEMONSTRE SEMPRE UMA POSTURA SÉRIA.

Ter uma postura séria é prestar verdadeira atenção quando as pessoas falam com você; é levar em conta, numa discussão (num diálogo), o ponto de vista do outro. Ter uma postura séria é saber quando ser mais descontraído, quando não; ter uma postura séria é ser capaz de transmitir confiança, capacidade e responsabilidade.

Demonstrar uma postura séria é fundamental para que você possa receber mais responsabilidades (crescimento profissional), portanto, cultive-a. Não exagere com brincadeiras, e mantenha sempre uma postura elegante, positiva, e que transmita confiança. Mas lembre-se, você não deve ter cara fechada ou carrancuda para ter uma postura séria; obviamente, não é isso!

A postura que você adota, não impacta apenas nos outras, mas, impacta sobre você mesmo. Um estudo da professora de Harvard e psicóloga, Amy J.C. Cuddy, e de seus colegas Dana R. Carney, e Andy J. Yap, da Universidade de Columbia, publicado em 2010 no jornal científico Psychological Science, analisou o efeito e a influência da postura corporal sobre a própria pessoa. De acordo com esse estudo, os humanos, assim como outros animais, expressam "poder" através de posturas abertas e expansivas, e, ao contrário, expressam fraqueza através de posturas contraídas e fechadas. O que restava confirmar era se a adoção de um tipo, ou outro, de postura poderia realmente impactar de forma objetiva na própria pessoa. Para tanto, foram formados dois grupos que mantinham determinada posturas por um minuto, enquanto um adotou posturas de alto poder (sentado em uma cadeira com as mãos atrás da cabeça e os pés sobre a mesa; de pé com as mãos sobre uma mesa e o corpo ligeiramente inclinado para a frente), o outro grupo adotou posturas de baixo poder (sentado com as mãos cruzadas entre as pernas; de pé com os braços cruzados e junto ao corpo e as pernas cruzadas). Foi observado que o grupo que adotou as posturas de alto poder teve alterações positivas no sistema neuroendócrino e no comportamento, haja vista que experimentaram um aumento na testosterona (hormônio do vigor) e redução do cortisol (hormônio do stress), além do que, percebeu-se um aumento dos sentimentos de poder e tolerância ao risco. As posturas de baixo poder, ao contrário, levaram o grupo a uma redução de testosterona e aumento de cortisol. O estudo mostrou que, adotar posturas de alto poder causou mudanças psicológicas, fisiológicas e comportamentais vantajosas e adaptativas. Sendo assim, tendo em mente o quanto a sua postura vai impactar nos outros e em você mesmo, tenha sempre o cuidado de adotar uma postura que transmita seriedade de caráter, positividade, e confiança.

Eu, por exemplo, já presenciei reuniões em que pessoas se comportavam pior que colegiais em intervalo de aula. Brincadeiras exageradas, despropositadas, nítido desinteresse pelo assunto da reunião, piadas fora de hora, e exagero, muito exagero. Nisso eu incluo, desde funcionários de mais baixa hierarquia na Organização, até, pasmem, gente em posição de diretoria. Um exemplo que aconteceu comigo e quero compartilhar: anos atrás, eu participava de um treinamento na Itália, juntamente com um grupo de engenheiros e técnicos, com o propósito de montarmos uma linha de produção no Brasil, para uma empresa da área automotiva que estava se instalando naquela ocasião. Éramos todos recém-contratados. Eu mantinha-me concentrado e focado no trabalho. Falava sem a intenção forçada de aparecer; agia de modo responsável e comprometido, e respeitando a todos! Depois de 2 semanas, o gerente responsável pelo grupo (que havia me conhecido poucas semanas antes) voltou ao Brasil, deixando-me como líder de todo o grupo, para o restante das outras 6 semanas, e, ainda, responsável por toda a parte financeira.

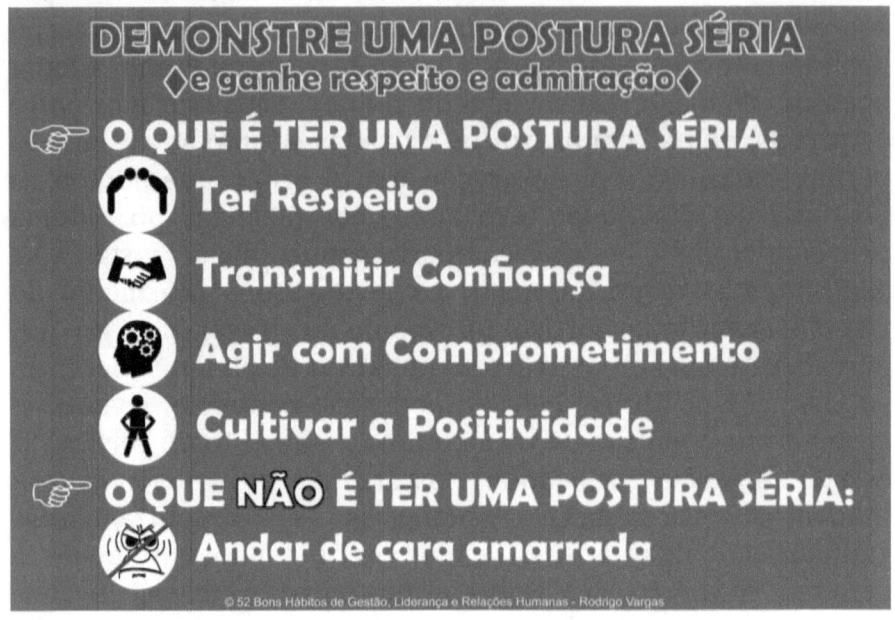

Há um ditado que diz: "Não basta ser, é preciso parecer". Ou seja, não basta apenas "ser" sério; numa Organização, você deve também "parecer" ser sério. O que eu quero dizer é que você deve deixar transparecer o seu caráter correto e sério, assim, de um lado, você afasta aqueles que não o sejam, e torna-se, ao mesmo tempo, um candidato a cargos que exijam mais responsabilidades e seriedade.

HÁBITO 12 - Demonstre sempre uma postura séria!
RESUMO

Lembre-se de que ser sério e responsável não quer dizer andar de cara amarrada.

Demonstre sempre uma postura séria e responsável, cultivando esmero, respeito, confiança, comprometimento, e positividade.

Estudos já comprovaram que a sua postura pode impactar não apenas nos outros, mas em você mesmo.

13. Saiba conviver com as críticas!

HÁBITO 13: SAIBA CONVIVER COM AS CRÍTICAS.

Lembre-se de que algumas críticas podem ser úteis sob algum aspecto, desde que sejam realmente sinceras e razoáveis. E quando for assim, é positivo, pois nos permite melhorar.

Quando as críticas forem injustas, não se incomode, pois, às vezes, existe um elogio escondido por trás disso. Não raro, as pessoas criticam como forma de defesa, porque, de algum modo, sentem-se ameaçadas por você. Mesmo que a ameaça seja representada pela competência de seu trabalho, ainda assim é visto como uma ameaça pela outra pessoa.

De todo modo, sempre faça uma análise criteriosa sobre o fundamento da crítica e o seu conteúdo, procure entendê-la e entender o seu contexto também. O importante é que você entenda que a crítica vai sempre representar a percepção de alguém. Portanto, fundamentada ou não, a crítica indicará uma suposta percepção de alguém sobre você.

Preste atenção em especial às críticas das pessoas a quem você tem consideração especial, respeito ou admiração. Atenção, esta lista deve, necessariamente, incluir seu chefe!

Atente que não pode haver dúvidas sobre o que você entendeu ou não da crítica. Quando a pessoa falar, tente não ficar na defensiva e sair cortando a fala da outra pessoa. Preste atenção, ouça, pergunte o que não entender. Aí sim, você pode falar e colocar seus argumentos.

Se não fizer sentido (muito cuidado ao concluir que uma crítica não faz sentido), argumente e explique seu ponto de vista. Mas faça com que a outra pessoa entenda verdadeiramente o que você está dizendo. Se aplicável, implemente as ações necessárias baseadas na crítica. E não se esqueça de agradecer à outra pessoa o interesse que ela teve em lhe trazer a crítica, e que você entende que ela estava imbuída de um espírito construtivo. Sendo assim, diga que você fará o possível para melhorar.

Embora algumas vezes você possa ouvir críticas injustas, verá que valerá a pena encontrar oportunidades de melhoria. Normalmente, quando temos a coragem de sair de nossa zona de conforto encontramos boas oportunidades para crescimento!

HÁBITO 13 - Saiba conviver com as críticas!
RESUMO

- Saiba conviver com as críticas.
- Faça sempre uma análise criteriosa sobre o fundamento e o conteúdo da crítica.
- As críticas podem ser bastante úteis, apontando algo onde podemos melhorar.
- Críticas injustas podem ser elogios disfarçados.

14. Saiba gerenciar eficazmente seu tempo!

Você deve valorizar seu tempo, em todas as suas atividades, pois a gestão de seu tempo e de sua agenda é fundamental para a obtenção dos seus resultados. Você já deve ter percebido que não é difícil encontrar alguém que queira lhe desviar do cumprimento de sua agenda, querendo envolvê-lo em algum assunto de última hora, delongando algum outro, ou mesmo envolvendo você em incontáveis reuniões. Aliás, tem gente que parece que só conversa se for em reunião, não aparece na sua mesa para buscar solução, mas está sempre marcando reuniões, e envolvendo gente demais.

A vivência nas Organizações mostrou que os excessos de reuniões, bem como o uso indiscriminado do e-mail, são grandes vilões da produtividade, corroendo o seu precioso tempo. Inclusive, o portal Salary.com (da IBM) tem realizado pesquisas sobre o desperdício de tempo durante o trabalho e vem mostrando isso também. Eu tomei conhecimento das pesquisas de 2012, de 2013, e de 2014, e uma importante constatação que se pode fazer é que o percentual de **respondentes que afirmam desperdiçar tempo no trabalho tem aumentado** com o passar dos anos.

Entre os maiores desperdiçadores do tempo, aparecem:
- Navegação na Web, em sites não relacionados ao trabalho, prevalecendo as redes sociais;

- Reuniões e teleconferências desnecessárias, improdutivas ou exageradas;
- E-mails em excesso

Uma enquete realizada no portal GestaoIndustrial.com, em 2015, sobre o desperdício de tempo no trabalho apontou as causas mais significativas da improdutividade. A pessoa que respondia, avaliava a si mesmo, e a seus colegas em geral. Veja, a seguir, o quadro comparativo e as diferenças na percepção que a pessoa tem de si mesma e dos outros a seu redor.

Analisando as respostas relacionadas às avaliações de si mesmas, podemos ver que duas das grandes ferramentas de gestão aparecem também como vilões da produtividade: Reunião corporativa e e-mail. Obviamente, se bem utilizadas, são ferramentas de grande valor, mas, ao que parece, algumas Organizações não estão conseguindo disciplinar e orientar o seu uso a fim de que sejam produtivas e, assim, "reuniões improdutivas" e "excesso de e-mails" aparecem somados com 61,5% das razões para desperdício de tempo no ambiente de trabalho. Veja, caro leitor, que trabalhar essas duas questões é uma oportunidade fantástica para ganho de produtividade nas Organizações! Analisando as respostas, é possível constatar a grande disparidade de percepção entre aquilo que é motivo para o profissional desperdiçar o seu próprio tempo, e as razões para que seu colega desperdice tempo. Há, no entanto, uma flagrante unanimidade: "reuniões improdutivas".

Por conseguinte, cuidado com o exagero de reuniões, posicione-se, sugira alternativas, mas não se deixe perder em reuniões excessivas e infindáveis. Em reuniões a que você foi chamado a comparecer, e que você tenha confirmado presença, procure chegar de 2 a 5 minutos antes. Segundo Phil Crosby, autor de vários livros sobre gestão da Qualidade, você deve aguardar, no máximo, 10 minutos após o horário marcado. Imagine a situação em que o líder da reunião não apareceu, mas os 10 minutos já se passaram. Nesse caso, avise os outros, se houver mais alguém, que você esperou 10 minutos e retornou ao trabalho. Caso o líder da reunião já esteja no local, mas esteja esperando alguém especificamente, avise que você não pode esperar mais, infelizmente, e que precisa dar continuidade às suas atividades. Sugira a marcação de um novo encontro, ou que ele tente um contato imediato com a pessoa aguardada, para saber informações sobre o que ocorreu, e se essa pessoa vem, ou não, e quando. De todo modo, peça a ele uma definição. Procure um consenso, mas mostre que você tem outras atividades a executar. Se estiverem todos os presentes, mas iniciarem-se conversas dispersas, ou até, se tiver gente que começou a contar piada (acreditem, isto acontece), procure ser discreto, mas, dirigindo-se ao líder da reunião, sugira: "-O que você acha de começarmos?..."

Outro grande devastador de tempo e produtividade, se mal utilizado, é o e-mail. Veja alguns resultados de uma enquete realizada no portal GestaoIndustrial.com, em 2012, sobre o uso de e-mail nas Organizações:

- 25% dos respondentes disseram dedicar mais de 4 horas ao dia para os e-mails.
- 55% responderam que acreditam que o uso do e-mail nas Organizações pode ser considerado indiscriminado e exagerado.
- 74% disseram receber e-mails com muita gente copiada.
- 65% dos respondentes disseram acreditar que o uso do e-mail ALONGOU as curtas distâncias, devido ao uso exagerado com pessoas localizadas fisicamente muito próximas, dentro da própria empresa.

O USO DO EMAIL NAS ORGANIZAÇÕES
SEGUNDO ENQUETE DE 2012 DO PORTAL GESTAOINDUSTRIAL.COM

PROBLEMAS E MAU USO DO EMAIL	RESPONDENTES
+ de 4 horas por dia dedicados aos emails	25%
uso indiscriminado	55%
muita gente copiada	74%
distanciamento entre pessoas próximas	65%

© 52 Bons Hábitos de Gestão, Liderança e Relações Humanas - Rodrigo Vargas

Acredito que o e-mail é uma ferramenta fantástica de gestão, se bem utilizada, pois permite uma comunicação rápida com pessoas muito distantes, inclusive com o envio de documentos anexados, permitindo uma troca de informação que, em tempos passados, seria muito mais lenta e deficiente. No entanto, o e-mail, pode se tornar, facilmente, num foco de consumo de tempo e produtividade. Já vivi muito a situação em que a pessoa me mandou um e-mail, sobre um determinado assunto, quando teria sido mais simples e produtivo, para ela e para mim, ter falado comigo por telefone, ou pessoalmente. Policie-se! Estabeleça uma disciplina para ler e enviar e-mails. Se for preciso, avise seus colegas para que eles saibam disso. Por exemplo, peça que assuntos urgentes sejam comunicados diretamente a você, pessoalmente ou por telefone.

Vilfredo Pareto, economista e engenheiro italiano, realizou em 1906 um estudo da população italiana que mostrava que 20% dela era dona de 80% das terras. Mais tarde, o consultor de gestão e qualidade, Joseph Juran, difundiu o Princípio de Pareto (conceito 80-20), em que 80% dos problemas de qualidade são resolvidos ao se tratar 20% das causas. Outros exemplos mostram que 80% das vendas vêm de 20% dos clientes, ou ainda, que 20% dos produtos são responsáveis por 80% das vendas. O princípio 80-20 pode ser observado também no uso das palavras de uma determinada língua. **Claro que esse conceito não ocorre, por extensão, em todas as situações, mas podemos, dentro de uma margem de erro aceitável, dizer que 80% dos seus resultados virão de 20% das suas ações.**

Portanto, o que você faz com o seu tempo é tão importante quanto a qualidade do trabalho que você realiza. Fazer uma boa gestão do tempo significa muitas vezes dizer NÃO aos outros, com o objetivo de não se desviar das suas atividades principais, e não gastar tempo e energia em coisas irrelevantes. Mantenha o foco e gerencie o seu tempo com o objetivo maior de conseguir os melhores resultados para a Organização como um todo. Portanto, quando for abordado por alguém na Organização onde você trabalha, solicitando-lhe algo fora de sua rotina, analise se é realmente importante e se isso vai agregar valor. Pondere a melhor hora para fazê-lo e, quando for o caso, discuta com seu chefe as suas prioridades para, junto com ele, buscar uma alternativa viável.

Em vista disso, se fossemos resumir gestão do tempo, diríamos que é a arte de você se programar para **executar as ações mais importantes (prioridades)** e, não obstante as tentativas de interrupção e desvios de rumo, **se manter nessa programação**. Lembre-se de que o seu tempo, só você sabe como melhor utilizá-lo e, portanto, é você quem deve dar as cartas no momento de distribuir seu tempo. O seu desafio é, não apenas manter-se no rumo de sua programação, de sua agenda, mas, antes de tudo, **identificar quais são suas prioridades**, quais são aquelas ações que lhe darão os mais importantes resultados, ou seja, quais são os 20% de suas tarefas que lhe darão 80% de seus resultados. E isso deve acontecer numa rotina diária!

Saber gerenciar o tempo é, antes de tudo, um exercício de disciplina. Infelizmente, muita gente associa "disciplina" com "rigidez", que é outra coisa. Gosto da letra da música do grupo Legião Urbana, Há Tempos, em que diz: *"disciplina é liberdade..."*. Veja esse exemplo que ocorreu comigo. Eu trabalhava para uma multinacional, como supervisor da linha de produção. Como em qualquer lugar, essa linha tinha hora para iniciar os trabalhos e hora para terminar, e ela era acionada manualmente pelo líder. Acontece que, quando os problemas de qualidade ocorriam, era necessário pará-la. Mas para que isso acontecesse, eu, o supervisor, tinha que ser informado, para que pudesse entender os motivos da parada. Logo, porém, percebi que esse procedimento estava ficando ineficiente, pois nem sempre eu estava por perto. Eu precisava dar mais flexibilidade ao processo, por isso, disciplinei-o da seguinte forma: o operador da estação de trabalho ao lado do painel liga-desliga da linha ficou responsável por ligá-la e desligá-la quando necessário (problemas de qualidade, ferramental, material, etc.), anotando o solicitante, o motivo e o horário. Isso me permitiu continuar acompanhando o que ocorria na linha de montagem, porém, com a flexibilidade necessária. O que foi feito, em síntese? Disciplina no processo, ainda que com mais liberdade! Estávamos naquele momento "gerenciando o tempo" da linha de montagem.

Portanto, lembre-se de que ter disciplina é ter controle, é ser organizado, é saber o que pode ocorrer quando algo não é realizado, é conhecer as necessidades. Gerenciar o tempo é, antes de qualquer coisa, ter disciplina.

Veja a seguir, a figura dos quadrantes do tempo, que posiciona o uso do tempo em relação aos eixos de importância e de urgência. **Devemos concentrar a maior parte do nosso tempo no quadrante "mais importante" e "menos urgente"**, pois é o mais produtivo.

Até mesmo um bombeiro, cuja tarefa é apagar incêndios, deve estar focado no quadrante "mais importante" e "menos urgente", pois quanto mais executar ações de planejamento bem focadas (prevenção de incêndios), menos teria necessidade das ações urgentes e importantes (apagar incêndios).

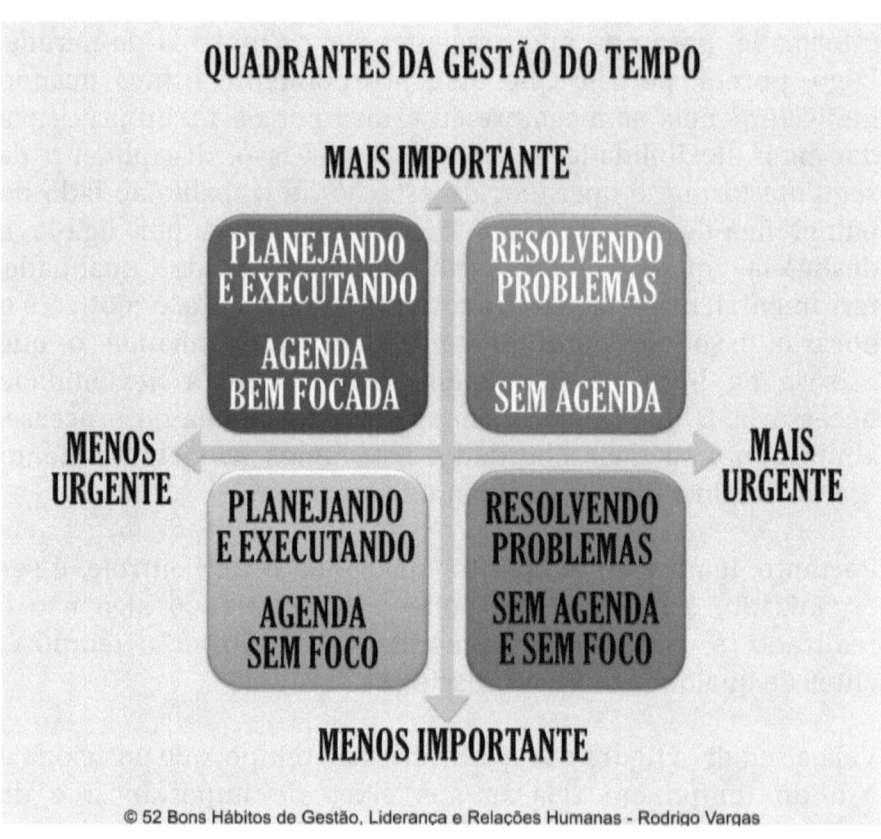

Faça uma reflexão e veja onde você tem despendido a maior parte de seu tempo.

HÁBITO 14 - Saiba gerenciar eficazmente seu tempo!
RESUMO

Valorize o seu tempo sempre, e discipline-se.
Evite que reuniões, internet e e-mails se transformem em desperdiçadores de seu tempo, tornando seu trabalho improdutivo.
Verifique a real necessidade de você participar de uma reunião, e procure resolver a questão pessoalmente, se possível.
Discipline-se no uso do e-mail, e exija isso de sua equipe.
Identifique suas prioridades, os 20% de suas ações que lhe trarão 80% dos resultados.
Mantenha-se na sua programação, a menos que uma mudança seja realmente justificada.

15. Dê bons exemplos!

Este é um excelente hábito de liderança. Fortalece seu discurso e facilita seu trabalho. Você precisa dar o exemplo para, então, poder cobrar melhores resultados e atitudes de sua equipe. O que não se pode fazer é: pedir que não tragam cafezinho para a reunião, quando você é o primeiro que o traz. Se você pede que seu colaborador organize sua mesa de trabalho, você, primeiro, deve organizar a sua.

Porém, não se pode esquecer que um gestor ou líder, por força de suas responsabilidades, pode, eventualmente, gozar do benefício da exceção. É perfeitamente compreensível que você tenha horários diferentes dos de sua equipe ou colegas. Isto não quer dizer que você, chegando mais tarde um dia (porque ficou até tarde no dia anterior, ou porque chegou de viagem na noite no dia anterior), não possa cobrar o cumprimento dos horários de sua equipe.

BONS EXEMPLOS TÊM O PODER...

...DE INFLUENCIAR!

...DE FORTALECER SEU DISCURSO!

...DE FACILITAR SEU TRABALHO!

Lembro do tempo em que era supervisor de uma linha de produção numa Organização onde o tempo de almoço era bastante curto. Como estava formando filas grandes no refeitório, pois havia a necessidade de mudanças no balcão de servimento de comida, alguns membros da minha equipe estavam começando a chegar atrasado ao reinício do trabalho na linha de produção, utilizando-se do pretexto de que a fila era grande. Veja que a fila era grande sim, mas não era motivo para gerar esse atraso. O que fiz: reuni o grupo e disse que eu seria sempre o último da fila, todos os dias, mas me comprometia a estar na linha de produção no horário de reinício dos trabalhos. Se eu conseguisse isso, poderia continuar cobrando a pontualidade de todos, caso contrário, teria que adotar alguma extensão de horário para o almoço. De fato, sempre consegui retornar no horário após o almoço e, com isso, consegui duas coisas: meu chefe agilizou as mudanças necessárias no refeitório, e ninguém mais chegou atrasado ao reinício dos trabalhos na linha de produção.

HÁBITO 15 - Dê bons exemplos!
RESUMO
O bom exemplo tem o poder de influenciar.
O bom exemplo fortalece seu discurso.
O bom exemplo torna seu trabalho mais fácil.

16. Prefira não criticar seu colega!

Se não puder falar bem de um colega, prefira não falar nada, e não o criticar. Por mais que alguém mereça ser criticado, não é positivo fazê-lo. Muito menos falar de alguém para um terceiro. Muito provavelmente seu comentário ou a sua crítica chegará aos ouvidos dele.

Se alguma atitude de algum colega seu, ou mesmo um membro de sua equipe, está, de alguma forma, prejudicando o andamento de algum trabalho, e não há como não abordar o assunto, dirija-se até a pessoa em questão e diga-lhe pessoalmente que existe algo que o preocupa e que esta pessoa poderia ajudar. Explique a situação e todas as consequências da situação de hoje, e explique também todas as vantagens para ela e para a Organização na mudança das atitudes ou das ações da pessoa. Aos que criticam e que gostam de instigá-lo às críticas, diga que você não gosta de criticar os outros, porque isto é muito fácil. Porém, se numa situação especial, for necessário um posicionamento seu, critique as ações, não a pessoa. Isto faz você ser visto como uma pessoa extremamente ética e, portanto, ganhará respeito dos demais.

Lembro de uma situação numa Organização, em que os novos produtos estavam sendo desenvolvidos exigindo tempos de produção muito maiores. Ainda que as novas características agregassem valor, o custo de produção estava ficando menos competitivo. Estava faltando incluir no desenvolvimento a preocupação com o *design for assembly* (projeto que se preocupa também com a manufatura do produto). Eu ouvia muitas críticas em relação a esse outro departamento e seu gerente. Resolvi, então, ser objetivo e abordar a questão de forma impessoal. Solicitei um estudo de tempos de produção, e demonstramos que os novos produtos estavam de um lado agregando mais características (o que era bom), mas de outro, tirando competitividade pelo fato de terem maior complexidade na produção. Demonstramos, ainda, as oportunidades de melhoria possíveis, pela nossa perspectiva. Dessa forma, não criticamos de forma vazia, mas procuramos contribuir para a melhoria da Organização como um todo. Como resultado, conseguimos algumas ações imediatas do outro departamento em busca de reduzir o tempo de produção.

PREFIRA NÃO CRITICAR SEU COLEGA

- ☑ Evite as críticas vazias, que podem servir como desabafo, mas não melhoram a situação. Ao contrário, alimentam as fofocas.
- ☑ Trate as questões de forma profissional. Procure focar o problema e a situação, e não a pessoa.
- ☑ Procure falar diretamente com a pessoa envolvida.
- ☑ Se puder, apresente alternativas ou sugestões de melhoria.
- ☑ Prefira sempre ser parte da solução, nunca do problema.

Há um provérbio antigo que diz: "quando apontar um dedo para alguém, outros três dedos apontarão para você." Costumo dizer para as pessoas de minha equipe, quando vêm reclamar de outra área, em relação a determinado tema, que nós mesmos, na nossa área, temos tantas coisas para melhorar, que devemos nos concentrar nisso, e trabalhar para melhorar nossos processos. Pois, a coisa mais fácil que existe é você criticar os outros e apontar melhorias que outros, em outras áreas, devem fazer. Cuidemos, acima de tudo, de encontrar as soluções para resolver nossos problemas, em nossas áreas.

HÁBITO 16 - Prefira não criticar seu colega!
RESUMO
Prefira não criticar um colega.
Se for preciso, dirija-se pessoalmente e trate o assunto de forma positiva, expondo a situação e buscando solução.
Trate as questões de forma profissional, focando o problema.
Antes de reclamar do quintal do vizinho, veja se o seu não precisa de arrumação!

17. Não se envolva com fofocas!

HÁBITO 17: NÃO SE ENVOLVA COM FOFOCAS.

Este é um excelente hábito de relações humanas, porque quem dá ouvido a fofocas, hoje, pode ser o tema da fofoca de amanhã. Nos ambientes empresariais, como em outros, existe a perversa prática da fofoca. Normalmente disseminadas por pessoas sem muita atividade, sem ter o que fazer, ou não muito escrupulosas. Infelizmente, há pessoas que tem o hábito de fofocar, e, nesses casos, é quase que parte do "ser" da pessoa, e muitas vezes ela nem percebe o quanto pernicioso é esse hábito. Isto existe tanto nos ambientes empresariais grandes, como nos pequenos, sem distinção. O remédio é não se envolver com elas. Se você se afasta de fofocas, torna-o, de certa forma, imune a elas. Ignorar certos comentários pode ser a melhor resposta.

Tome alguns cuidados básicos em relação à fofoca:

> 1) Cuide com quem for falar sobre seus problemas pessoais ou mesmo dificuldades enfrentadas no trabalho;

> 2) Quando for se referir à empresa, ou à algum colega, sempre prefira enaltecer seus pontos fortes, evite qualquer tipo de crítica. Você não imagina com que velocidade um comentário desairoso seu, em relação à Organização ou a alguém, vai percorrer as salas da Organização;

3) Cuide para não acreditar em tudo que ouve, e resista à tentação de sair tirando satisfação sobre tudo. Se houver real necessidade de tirar algo a limpo, faça-o em particular.

A grande verdade é que as pessoas não são cegas dentro de uma Organização. Todos veem o trabalho que é feito por cada um, todos veem a maneira de ser de cada um, e todos veem o comprometimento de cada um. Portanto a sua melhor arma contra as fofocas é a sua postura. Cuide da sua imagem para que ela seja ética, transparente e séria, e transpareça exatamente isso. Lembre-se do ditado:" Não basta ser, é preciso parecer".

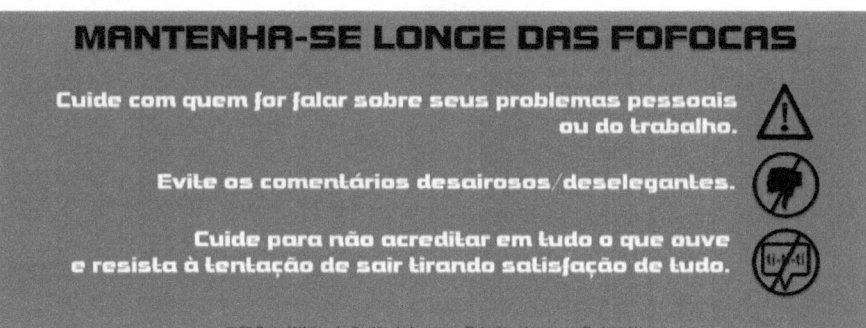

Eu posso me lembrar da cara de satisfação de algumas pessoas ao tentar passar o disse me disse adiante, como que plantando a semente da discórdia, muitas vezes para se vingar de pessoas com as quais já tiveram problemas anteriores; querendo jogar uns contra os outros. E, também, me lembro da cara de frustração ao perceber que não foram levados em conta. Há um ditado árabe que diz: "Não se desfaz o impacto de duas coisas: a pedra atirada e a palavra dita." Portanto, muitas vezes, há mais sabedoria em calar do que em falar.

HÁBITO 17 - Não se envolva com fofocas!
RESUMO

Não se envolva com fofocas.
Cuide com quem for falar sobre problemas pessoais ou do trabalho.
Quando se referir à empresa, ou a algum colega, seja positivo.
Cuide para não acreditar em tudo que ouve, e resista à tentação de sair tirando satisfação sobre tudo.

18. Comemore as suas vitórias!

HÁBITO 18: COMEMORE AS SUAS VITÓRIAS.

Comemore as suas vitórias e as da sua equipe de trabalho. Diz o ditado: "Quem não comemora suas vitórias, não merece tê-las". Comemorar faz bem, é motivador saber que um trabalho (ou um determinado resultado) foi reconhecido e comemorado. Isto anima sua equipe. A comemoração pode ser simplesmente bater uma foto para registrar o momento, ou reunir o grupo e dizer: Bom trabalho, e bater palmas para a equipe! Ou, mais elaboradamente, reunir as pessoas num restaurante para almoçar ou jantar, ou, ainda, divulgar o feito no jornal interno da Organização. Escolha a melhor forma para comemorar, e isso pode depender da sua equipe e do tamanho dela, mas comemore! Isto motiva o time e mostra que você sabe, como líder, reconhecer o atingimento dos resultados.

Numa Organização em que trabalhei, era comum fotografarmos todas as marcas de produção significativas. Reuníamo-nos em torno do produto, fotografávamos a nós todos, e eu falava da importância do trabalho da equipe no atingimento daquele objetivo. Registrávamos e comemorávamos os embarques importantes, números (volumes) de produção significativos, prêmios recebidos, certificações atingidas, etc. Algumas vezes íamos almoçar fora da empresa, com o mesmo objetivo. Isso fazia com que todos entendessem a importância dos objetivos atingidos, assim como a importância dos próximos objetivos a atingir. A equipe era motivada, comprometida e altamente disposta a abraçar novos desafios!

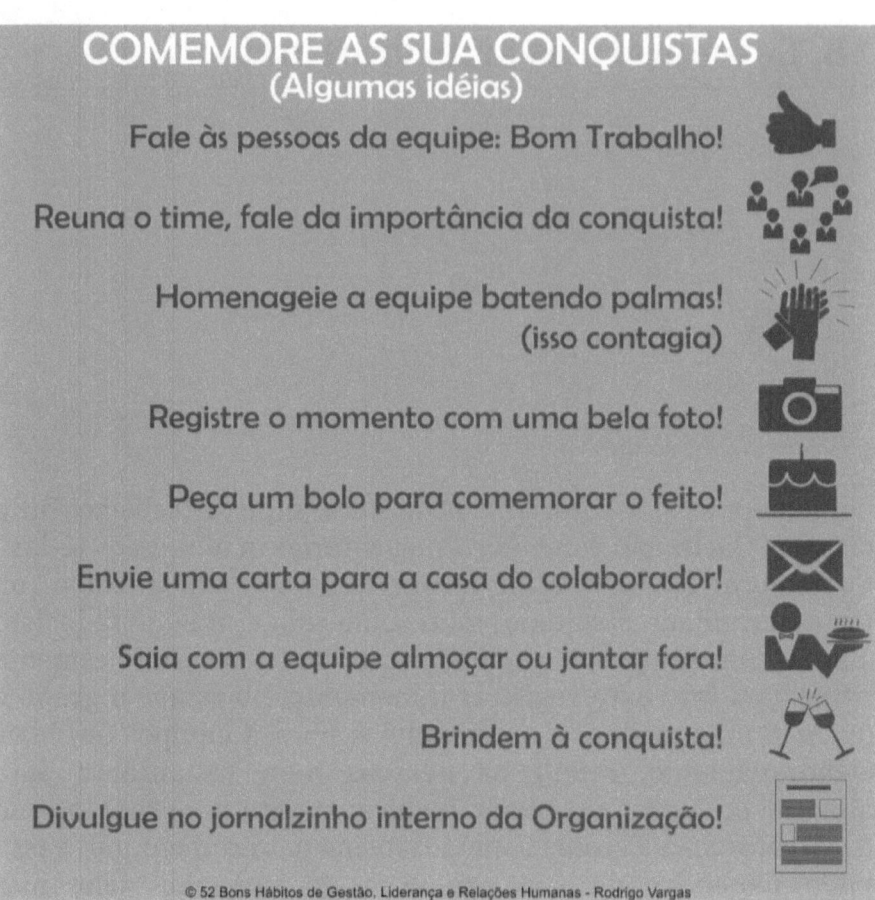

Lembre-se: todos gostam de ter reconhecimento no seu trabalho. Isto é um dos importantes pilares que mantém uma pessoa satisfeita no seu trabalho, e a comemoração se revela uma boa ferramenta motivacional.

HÁBITO 18 - Comemore as suas vitórias!
RESUMO
Comemore as conquistas do time, reúna a equipe, fale da sua importância.
As comemorações unem e entusiasmam o time.
Registre as comemorações, faça uma foto, divulgue.

19. Evite discussões!

Este é um dos mais importantes hábitos de relações humanas. Torna você uma pessoa equilibrada e politicamente forte na Organização.

Abordei de certa forma o tema no capítulo "Saiba ter equilíbrio emocional". No entanto, quero aqui reforçar o fato de que, em raríssimas situações, você terá algum ganho com uma discussão, se é que o terá. Tamanha a importância do tema, vou nesse capítulo ser específico em relação às discussões.

Dale Carnegie, em seu livro "Como Fazer Amigos e Influenciar Pessoas", publicado pela primeira vez em 1937, colocava que um dos princípios para você conquistar as pessoas para o seu modo de pensar e vencer uma discussão, era evitando-a. Seu livro é fantástico e recomendo a qualquer um que queira melhorar a qualidade do relacionamento com as pessoas e consigo mesmo. Existem várias outras maneiras de demonstrar seu pensamento, que não a discussão. Seja cortês, mesmo que não concorde, respeite a opinião alheia e argumente a seu favor através de fatos e dados, históricos, estatísticas ou incidentes prévios.

Não converse com alguém quando este estiver alterado, e, muito menos, quando você sentir que poderá estar se alterando. Prefira dizer para a outra pessoa que os ânimos estão um pouco aquecidos e que você prefere falar em outra situação. Com o passar do tempo, os ânimos se acalmam e se abrem novas possibilidades de consenso. Diga que você respeita a opinião do outro, mas que gostaria de ter a oportunidade de expor seus argumentos. Analise sempre o ponto de vista da outra pessoa com honestidade e imparcialidade, você vai se surpreender como chegará muito mais rápido ao entendimento.

> **EVITE DISCUSSÕES E BUSQUE O ENTENDIMENTO**
> - Seja cortês
> - Respeite a opinião alheia, ainda que não concorde
> - Procure entender o argumento da outra pessoa
> - Argumente a seu favor (utilize-se de fatos e dados, estatísticas, incidentes prévios)
> - Se você, ou a outra pessoa, estiver de cabeça quente, deixe a conversa para outra hora

Por experiência própria, após anos e anos de trabalho em várias Organizações, posso dizer que existe um tipo de "colega" de trabalho que é o especialista em causar distúrbio no ambiente e gerar discussão, é aquele que debocha, ironiza, agride, e parece que se satisfaz em denegrir o trabalho alheio, constranger e ridicularizar o colega, e fazer chacota de tudo quanto possível. Esse cara é o provocador corporativo e, normalmente, é uma pessoa invejosa, mas pode ser também o competitivo desmedido, ou o agressivo compulsivo. Lidar com esse tipo de gente requer, antes de tudo, equilíbrio emocional, e algumas dicas sobre como responder às provocações desse tipo de gente pode ser bastante útil para evitar discussões.

Não existe uma receita definitiva e, algo que funciona bem para um, pode não funcionar para outro. Claro que, o que todos querem é sempre ter aquela resposta inspirada, que consegue não apenas anular a provocação, mas também impor uma ordem moral exemplar. Infelizmente, é melhor não contar com isso. Não que seja impossível, claro que não, mas é preciso um controle emocional exemplar para permitir um raciocínio límpido, mesmo nas situações de stress. Eu me lembro de um colega de trabalho que eu estava contratando para uma função de supervisão para uma área bastante crítica, sob minha responsabilidade, numa determinada Organização. Ao apresentá-lo aos outros departamentos, um sujeito disse ao novato: "Ah! Então é com você que nós vamos brigar, agora!" Tranquilamente, o novo colaborador respondeu algo assim: "Espero que não, eu estou aqui para ajudar, jogar junto e ajudar o time a vencer!" Foi, sem dúvida, uma resposta inspirada, uma pequena lição de moral em cima do comentário provocativo do outro. Mas, respostas assim podem não ocorrer facilmente para a maioria das pessoas. Por isso, vou compartilhar algumas técnicas que podem ajudar nas situações em que você se deparar com um provocador corporativo.

Eu recomendo, então, duas coisas: exercitar o controle emocional (veja o capítulo "Saiba ter equilíbrio emocional"), e utilizar algumas respostas pré-programadas. Existem algumas táticas simples e que podem funcionar bem. Você deve ver o que funciona melhor para você, além do que, a prática e o exercício aperfeiçoam a sua aplicação e efetividade. O objetivo será sempre o de evitar a discussão, respondendo de modo sóbrio, firme e equilibrado. Os tipos de respostas que veremos buscam neutralizar as provocações, algumas respostas podem ser mais subjetivas, outras mais diretas:

- Silêncio e indiferença: Isso mesmo, a primeira resposta que eu penso em utilizar é simplesmente ignorar totalmente a provocação, não respondendo nada, não falando nada, não rindo de nada, e não demonstrando qualquer reação. Lembre-se de que, no silêncio cabe tudo, cabe qualquer resposta. Muitas vezes, ser ignorado é o pior dos castigos. Deixe o provocador sem saber qual foi sua reação, eu acredito que, na maioria das provocações no meio corporativo, o objetivo é assistir algum tipo de reação desequilibrada, ou observar o aborrecimento alheio. Certa vez, pouco antes de iniciar uma apresentação em uma reunião gerencial, ouvi uma provocação que motivou risos de alguns. Eu não demonstrei qualquer reação e, com energia, iniciei a apresentação, coisa que foi suficiente para anular a provocação e deixá-la sem efeito, pois o objetivo era atrapalhar o início da apresentação. Portanto, se a situação permitir, pense em, simplesmente, ignorar o provocador e parecer totalmente indiferente.

- Use respostas monossilábicas: Ao ouvir um comentário provocativo, você pode, simplesmente, dizer coisas como: "Não me diga?", "Você acha?", "Sério?", "É mesmo?". Por exemplo, você parou para tomar uma água no bebedouro e ouviu um colega de trabalho passar e dizer: "Você está folgado, hoje, hein?". Aí, sem se abalar, você diz: "Não me diga?" Isso, provavelmente, será suficiente para anular o comentário tóxico. Você pode, ainda, se quiser, dar um tom irônico ao comentário. Respostas curtas e pré-programadas, são muito fáceis de usar e economizam energia, além de evitar um confronto desnecessário. Segundo Barbara Berckhan, em seu excelente livro "Como se defender de ataques verbais", você pode desmontar um comentário grosseiro com respostas monossilábicas, sem lhe dar a menor importância.

- Ignore e dirija-se a outra pessoa: A segunda resposta funciona se você estiver próximo de outras pessoas. Nesse caso, você ignora a provocação e, dirigindo-se a uma terceira pessoa, inicia um outro assunto. Isso funciona bem com aquele tipo provocador que faz piada quando você entra no departamento, buscando parecer engraçado e querendo arrancar risos da plateia, às custas de ridicularizar você. Experimente não esboçar qualquer reação (não ria em hipótese alguma), e discuta o assunto que o levou ao departamento com a outra pessoa. Mas, e se o assunto era com o próprio provocador? Tudo bem, dirija-se a ele e inicie o assunto assim mesmo. Trate o assunto com sobriedade, corte a provocação dele, mostre que você é profissional: "Vamos trabalhar?"

- Use uma resposta desconexa: Outra maneira de responder às provocações e evitar iniciar uma discussão é responder o sujeito de forma desconexa, ou seja, falando algo absolutamente fora do assunto motivo da provocação. Cite uma estatística qualquer, uma notícia, um provérbio. O tempo em que o outro ficará pensando no porquê da sua resposta deverá ser o suficiente para anular a provocação. Talvez você se sinta meio maluco fazendo isso, mas é por uma boa causa. E, obviamente, não explique nada, deixe-o pensando, e mesmo que ele pergunte sobre o sentido, diga para ele pense melhor, com calma. O objetivo é que, numa próxima vez, ele pense duas vezes antes de provocá-lo, pois poderá ouvir coisas que não entenderá, e isso é coisa que esse tipo de gente não gosta. Barbara Berckhan, em seu excelente livro "Como se defender de ataques verbais", registra que, quando o agressor ouve uma resposta desconexa, seu cérebro fica procurando um sentido nela, o que o deixa desconcertado.

- Faça um pergunta: Outra forma eficaz de responder a uma provocação é fazer uma pergunta ao provocador. Quem faz as perguntas domina a situação. Veja que num programa de entrevistas, quem faz as perguntas é o apresentador (que normalmente não gosta de ser perguntado); numa delegacia, quem faz as perguntas é o delegado; numa audiência, é o juiz; em casa é a mãe que questiona o filho quando este faz alguma traquinagem. Numa roda de amigos, quem domina a conversa, na verdade, não é aquele que fala mais, mas é aquele que faz as perguntas. Portanto, reverta a suposta vantagem do provocador, fazendo-lhe uma pergunta. Melhor se ele estiver devendo algum trabalho, ou alguma resposta anterior. Mesmo que ele responda rindo, você deve se manter indiferente. Mostre-se superior. A primeira vez que eu lembro ter usado essa tática foi quando ainda era recém-contratado numa determinada Organização. Nas férias do meu chefe, ele me delegou várias das suas responsabilidades. Pouco tempo depois do meu chefe ter saído de férias, um outro gerente chegou até mim fazendo uma pergunta atrás da outra, todas relativas às responsabilidades a mim delegadas. Claro que ele tinha todo o direito de perguntar, mas não da forma que fez, pois havia, naquele momento, o objetivo nítido de me causar constrangimento, uma provocação boba. Em dado momento, eu perguntei a ele: "Você está me testando?". Ele ficou desconcertado, respondeu que não, que só queria se atualizar. Mas, de fato, foi embora em seguida.

- Dê uma resposta com sarcasmo. Essa é um tipo de resposta que exige muito equilíbrio emocional (para ter um raciocínio claro), bom humor (para conseguir formular uma resposta que seja irônica, porém, mais contundente, um escárnio). Podemos dizer que é uma zombaria com elegância, dirigida ao ataque recebido. É um tipo de resposta que desconcerta qualquer pessoa tóxica. Porém, tenho que reconhecer, exige um bom nível de equilíbrio emocional e bom humor. Mas, atente que zombar de um colega é algo condenável e repreensível; por isso, apenas numa situação de defesa de um comentário tóxico e provocativo você pode escolher fazê-lo. Nesse caso, é uma legítima defesa.

Talvez você não se adapte a nenhuma delas e tenha suas próprias táticas. Isso depende muito da personalidade de cada um, e de como cada um lida com as emoções. Veja a seguir uma imagem ilustrativa com as 6 maneiras de lidar com as provocações nas Organizações, evitando discussões; e atente que a complexidade inicial na sua aplicação cresce de baixo para cima.

6 MANEIRAS DE LIDAR COM COMENTÁRIOS PROVOCATIVOS E EVITAR DISCUSSÕES

★ Use a resposta que for mais apropriada em cada situação que passar, preferencialmente, de baixo para cima.
★ Jamais ria de comentários debochados ou irônicos feitos a você, mesmo que outros ao redor riam. Permaneça impassível, indiferente.
★ Estas respostas podem resolver boa parte das situações corporativas do dia-a-dia, mas, em determinados casos, pode haver necessidade de ser mais direto, ou de se envolver a chefia ou RH.

- Responda a provocação com com um comentário sarcástico. Isso pode desconcertar o provocador.
- Responda a provocação com uma pergunta sobre qualquer coisa, num tom neutro, mas firme. Quem pergunta, domina a situação!
- Responda a provocação com um comentário totalmente desconexo, por exemplo, citando uma estatística, uma notícia, um provérbio.
- Ignore a pessoa que fez o comentário, dirigindo-se a uma terceira pessoa e, tranquilamente, inicie um outro assunto.
- Responda apenas com um comentário monossilábico, sem se abalar! Você pode dizer, por exemplo: "Não me diga!"
- Simplesmente ignore! Não ria, não se altere! No silêncio cabe tudo, use isso a seu favor! Mostre confiança!

Provocações

© 52 Bons Hábitos de Gestão, Liderança e Relações Humanas - Rodrigo Vargas

Na maioria das vezes essas respostas podem ajudar e resolver, mas situações podem ocorrer que exijam uma abordagem mais direta. Pode ser o caso de uma ofensa grave, ou assédio moral, e você poderá sentir necessidade de ser claro e direto na resposta, dizendo que não gostou do comentário e, se for o caso, pedir que a pessoa se desculpe. Mesmo que ela não se desculpe, ficará a percepção de que ela fez algo errado e que ficou devendo desculpas. Talvez, ainda, possa ser necessário envolver a chefia ou o departamento de Recursos Humanos da Organização. De todo modo, o objetivo é sempre o de que você lidar com as diversas situações de conflitos, tendo sempre uma forma equilibrada de lidar com elas, evitando discussões, mantendo o controle da situação, e encontrando boas soluções.

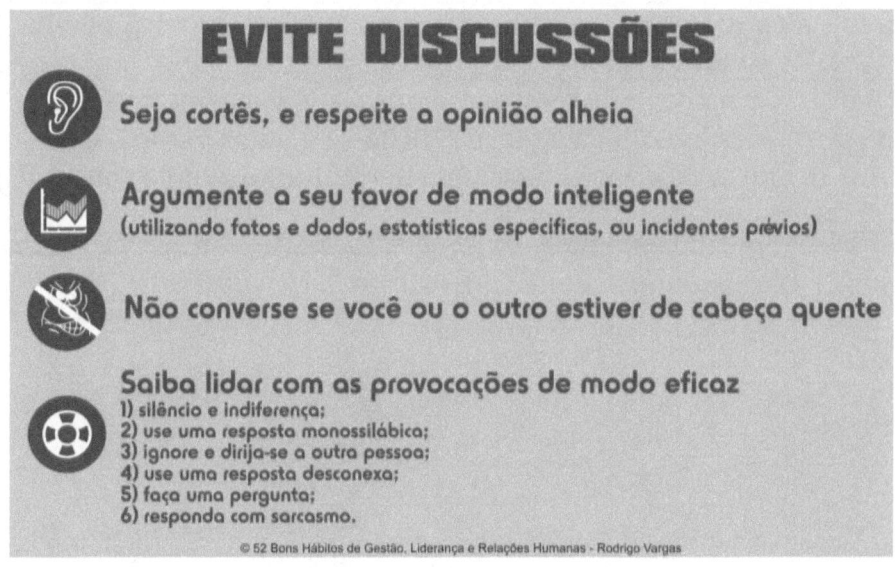

Todas essas técnicas servem igualmente no dia a dia também fora da Organização, em qualquer situação, e isso é muito bom porque lhe permite praticá-las com mais frequência. Lembre-se sempre: evite discussões, e você será reconhecido por um temperamento sólido e equilibrado.

HÁBITO 19 - Evite discussões!
RESUMO

Evite discutir, pois você não sairá ganhando nada.
Procure demonstrar seu pensamento argumentando a seu favor através de fatos e dados, históricos, estatísticas ou incidentes prévios.
Seja cortês, e mesmo que não concorde com a argumentação do outro, respeite sua opinião.
Deixe a conversa para outra hora, caso você, ou a outra pessoa, esteja de cabeça quente.
Utilize as 6 respostas pré-programadas: silêncio e indiferença; resposta monossilábica; ignore e dirija-se a outra pessoa; use uma resposta desconexa; faça uma pergunta; responda com sarcasmo.

20. Seja justo!

Legisle em benefício do que é certo. Seja imparcial e terá o respeito e credibilidade da sua equipe e de seus colegas. Não precisa ser, nem bonzinho, nem mauzinho, apenas justo. Por exemplo, se tiver que cobrar o uso de um EPI (equipamento de proteção individual), exija isto de todos, da mesma forma.

É comum, por exemplo, um chefe, para evitar insatisfações, dar aumentos de mérito para todos, ou quase todos, não levando em conta a contribuição de cada um para o negócio. Evidentemente, queira ou não, a insatisfação poderá vir, pois aqueles que se esforçam mais, com mais comprometimento, e que atingem mais resultados, não vão gostar de ser tratados nivelados pela média. Portanto, saiba reconhecer o desempenho e o resultado de cada membro de sua equipe, sendo justo na distribuição de bônus, aumentos de salários, ocupação de novos cargos na equipe, etc.

Na hora de analisar alguma situação de atrito entre pessoas de sua equipe, peça fatos e dados, e utilize-se da razão. Procure deixar a emoção de lado. Faça uma análise crítica de forma isenta, justa. Mas cuide com as situações em que os fatos e dados são poucos, ou duvidosos, e as consequências de uma decisão podem ser polêmicas. Quando houver dúvidas ou precedentes, deixe clara a influência disto na sua decisão.

Lembre-se: as pessoas gostam e querem ser tratadas com equidade e justiça. Há um pensamento de Rui Barbosa que diz: "Não há nada mais relevante para a vida social que a formação do sentimento da justiça." Pois bem, numa Organização Industrial, você lida com vida social, acima de tudo. Portanto, cuidado para não ser injusto ao tomar as suas decisões. Cuidado ao ouvir relatos de terceiros e cuidado ao fazer os julgamentos. Lembro de uma situação em que estava em jogo uma possível multa a um parceiro de negócio, e eu confiei apenas no depoimento de um colaborador (que, depois, percebi que não era digno dessa confiança), e a decisão que tomei não foi a mais justa. Portanto, se puder, e for pertinente (nos casos mais complexos, é claro), peça um depoimento por escrito. E mesmo assim, entenda que é a versão daquela pessoa. Procure ouvir as partes envolvidas e solicitar objetividade. E, havendo dúvida, seguir a máxima do Direito Romano, "In Dubio Pro Reo", expressão em latim que quer dizer: "na dúvida, em favor do acusado".

Quero, por fim, lembrar aqui um pensamento muito racional e ponderado do filósofo alemão Goethe: "Faz o que é justo, o resto virá por si só."

HÁBITO 20 - Seja justo!
RESUMO
Seja justo e imparcial e terá o respeito e a credibilidade de sua equipe e colegas.
Alimente-se de fatos e dados, e não faça julgamentos precipitados, para evitar decisões polêmicas.
Lembre-se de que todos querem ser tratados com justiça.

21. Tenha um aperto de mão firme!

Ao cumprimentar uma pessoa, tenha um aperto de mão firme, sorrindo e olhando a outra pessoa nos olhos. Isto faz com que a outra pessoa tenha uma impressão muito favorável a seu respeito, transmitindo muita segurança.

Provavelmente você já cumprimentou pessoas que não tinham firmeza no aperto de mão, ou mesmo que, ao cumprimentá-lo, estavam olhando para baixo. A impressão que lhe ficou deve ter sido a pior possível. Eu me lembro de um parente que sempre cumprimentava com "mão mole", e cada vez que o via em alguma reunião familiar, a primeira coisa que me vinha à cabeça era aquela falta de firmeza no aperto de mão. E eu me perguntava por que essa pessoa, ao estender a mão a alguém, o faz de modo tão displicente. Chegava ao ponto de, se eu a cumprimentasse da mesma forma, nossas mãos apenas se tocariam, e não haveria, na realidade, nenhum "aperto" de mão. Pois, o que acontecia era que apenas os outros apertavam a mão dele. Ele apenas estendia sua mão "largada" para que fosse "apertada" pelo outro. Evidente que esse é um caso extremo, mas, guardadas as devidas proporções, em um ambiente profissional, mesmo um aperto de mão "leve" já pode depor contra você.

Quando for apertar as mãos de uma pessoa que lhe está sendo apresentada, cuidado redobrado, pois, lembre-se de que você tem apenas uma chance de causar uma primeira boa impressão.

Ainda no caso de cumprimentar uma pessoa recém-apresentada, pondere, pois talvez seja o caso de, ao mesmo tempo, você tirar do bolso um cartão (*business card*) e oferecer à outra pessoa.

TENHA UM APERTO DE MÃO FIRME

- APERTO DE MÃO FIRME TRANSMITE DETERMINAÇÃO ☑
- APERTO DE MÃO FIRME PASSA ENERGIA BOA ☑
- APERTO DE MÃO FIRME PASSA PROFISSIONALISMO ☑
- APERTO DE MÃO DO TIPO "QUEBRA-OSSO" PARECE INTIMIDAÇÃO ☒
- APERTO DE MÃO MOLE TRANSMITE FALTA DE ENERGIA ☒

© 52 Bons Hábitos de Gestão, Liderança e Relações Humanas - Rodrigo Vargas

Então, lembre-se de que, ao apertar a mão de uma pessoa, use um aperto firme, mas não é para quebrar a mão do sujeito, nem parecer que você quer intimidá-lo! Um aperto firme o suficiente para que passe uma energia boa, e uma imagem de profissionalismo!

HÁBITO 21 - Tenha um aperto de mão firme!
RESUMO

Ao cumprimentar, tenha um aperto de mão firme.

Não exagere na força, pois um aperto de mão muito forte passa uma percepção de que você quer intimidar a outra pessoa.

22. Assuma seus erros!

Se errar, assuma de imediato! E, paciência, pois o erro já foi feito. Assuma o erro, e faça isso antes que outros apontem seu erro. Procure ver que isto serviu para um aprendizado, e que, muito provavelmente, houve um ganho em algum aspecto; talvez evitando erros futuros muito maiores e de consequências mais graves. Agindo assim, você será visto como alguém confiável!

Esconder um erro pode ser fatal para sua carreira. Você perde toda sua credibilidade dentro da Organização. Ao contrário, admitir o erro de imediato soa positivamente. Mas procure mostrar que providências estão sendo tomadas para a correção do erro ou sua contemporização.

Você conhece pessoas que tem por hábito atribuir o erro sempre aos outros? Mesmo que ela entenda que foi a responsável pelo erro, tenta encontrar alguém que supostamente foi o culpado por fazê-la errar. Isto é lamentável.

Quando você tiver que entender quem na sua equipe errou, deixe claro que você quer analisar o "erro" e as causas do erro. Portanto, você não procura por culpados, mas por responsáveis, pois só assim é possível obter o pleno entendimento do que aconteceu e tomar ações para que o erro não se repita.

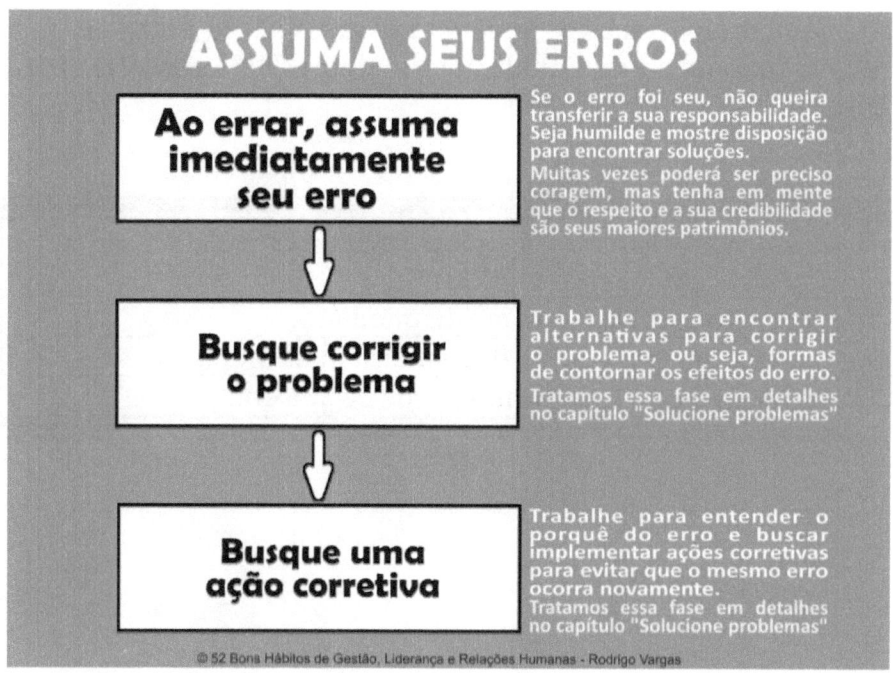

Lembro de uma situação em uma determinada empresa onde, por um erro interno, ficamos impossibilitados de fazer uma entrega ao nosso cliente. O nosso produto era incorporado ao produto do cliente em sua linha de produção e, por conta do nosso erro, o cliente não conseguiria exportar o seu lote na data programada. Imagine, caro leitor, o quão delicada foi essa situação. Eu, como responsável pela área, liguei para o cliente, reconhecendo o erro, mas me colocando à disposição para encontrar a melhor alternativa para corrigir o problema. Isso mesmo, não terceirizei a culpa, não transferi a responsabilidade, nem busquei encobrir o erro. Fui chamado, então, a uma reunião na sede do cliente. Ao chegar lá, fiquei surpreso, pois fui muito bem recebido (eu estava preparado para encontrá-los enfurecidos). É claro que a reação do cliente poderia ter sido diferente, portanto, não espere que as coisas sejam fáceis nesse tipo de situação. Mas eu acredito que isso não importa, o que vale é que a sua atitude seja sempre correta, independentemente da reação dos outros. Resultado da reunião no cliente: retornei dessa viagem trazendo uma solução viável para executar e, assim, corrigir o problema criado.

Acima de tudo, o seu exemplo é fundamental. Ao errar, assuma imediatamente, procurando as melhores alternativas para corrigir seu erro!

HÁBITO 22 - Assuma seus erros!
RESUMO
Ao errar, não esconda, assuma de imediato.
Busque corrigir seus erros, da maneira mais ampla possível.
Exija a mesma postura dos membros de sua equipe.

23. Peça *feedback* sincero!

HÁBITO 23: PEÇA FEEDBACK SINCERO.

Escolha uma pessoa de sua confiança no trabalho para, eventualmente, pedir-lhe *feedback* sincero sobre suas ações. Isto vai ajudá-lo a evitar alguns excessos eventuais ou corrigir algo você mesmo não tenha percebido. Pode ser uma fonte preciosa de informação. Porém, não exagere na frequência com que você o faz, para não parecer insegurança.

PEÇA FEEDBACK SINCERO
- ▶ Peça feedback a quem você confia
- ▶ Não precisa ser, necessariamente, seu amigo
- ▶ Peça feedback a sua chefia
- ▶ Use o feedback para reflexão e análise
- ▶ Não interrompa a pessoa
- ▶ Ouça e entenda seu ponto de vista
- ▶ Não exagere (vai parecer insegurança)

© 52 Bons Hábitos de Gestão, Liderança e Relações Humanas - Rodrigo Vargas

Utilize o *feedback* como fonte de consulta para eventuais reflexões sobre suas atitudes e sobre o seu trabalho. Mas faça-o somente se você achar que seja com **uma pessoa realmente confiável**, e que vai ser sincera com você! Acostume-se também a pedir *feedback* a seu chefe, sobre o seu trabalho. Não espere que ele venha lhe dar um *feedback*. Peça! Não espere que ele se manifeste. Antecipe-se. Mas, de novo, não exagere na frequência do pedido de feedback porque vai passar uma imagem de insegurança. O ideal é não exagerar, nem se abster.

Eu me lembro de uma reunião de departamento numa grande Organização multinacional, cujo objetivo era discutir os resultados de uma pesquisa de clima organizacional, em que uma pessoa reclamou de seu chefe, dizendo que ele não lhe dava *feedback*. A psicóloga que estava sendo a facilitadora do encontro, perguntou-lhe:

- Você alguma vez pediu a seu chefe o feedback?

A pessoa, que em nenhum momento demonstrou o desejo de obter um *feedback* de seu chefe, ficou desconcertada, mas a lição, acredito, foi aprendida.

HÁBITO 23 - Peça *feedback* sincero!
RESUMO
Peça *feedback* sincero a pessoas de sua confiança.
Acostume-se a pedir *feedback* a seu chefe, sobre o seu trabalho.

24. Em reuniões, fale somente o necessário!

A reunião é um bom momento para você fazer um bom marketing pessoal. Vá preparado para discutir o assunto em questão, mas fale somente o necessário, não seja um tagarela. Mostre que você é profissional. Seu objetivo, na reunião, deve ser o de contribuir para, da forma mais rápida possível (sim, pesquisas do portal GestaoIndustrial.com e do Salary.com mostraram que as reuniões são um dos maiores desperdiçadores de tempo no trabalho), levar a reunião a bom termo, atingindo o seu objetivo de modo eficiente.

Uma das coisas mais comuns numa reunião, mas comum mesmo, é o fato de ocorrerem conversas paralelas (assunto que abordamos em detalhes no capítulo "Lidere Reuniões"), principalmente quando o número de pessoas é de cinco ou mais. Se surgirem conversas paralelas e bate-papo durante a reunião, procure focar o olhar no líder da reunião. É ele quem deve tomar alguma ação para trazer as pessoas ao tema da discussão, ou mesmo, manter todos numa discussão única.

Outra questão importante é que você deve falar de forma com que todos o escutem, e deve saber expor a sua opinião de forma com que todos o entendam. Falar de forma firme e assertiva demonstra que você sabe do que está falando. Se, durante a reunião, você for inquirido sobre algo de que não sabe, de duas uma: ou você procura contato com alguém da sua equipe que tenha a informação, ou você diz que se compromete a buscar a informação e combina a forma de transmiti-la aos participantes.

São várias as vantagens de se falar somente o necessário:
- Objetividade: contribuindo para se focar no tema e evitar desvios e distrações;
- Economia de tempo: excesso de reuniões (incluindo reuniões muito longas) é um dos principais consumidores do tempo e destruidores da produtividade nas Organizações;
- Foco na Solução: ao mantermos nossa fala focada no tema, auxiliará na busca das soluções que a reunião se propõe a encontrar.

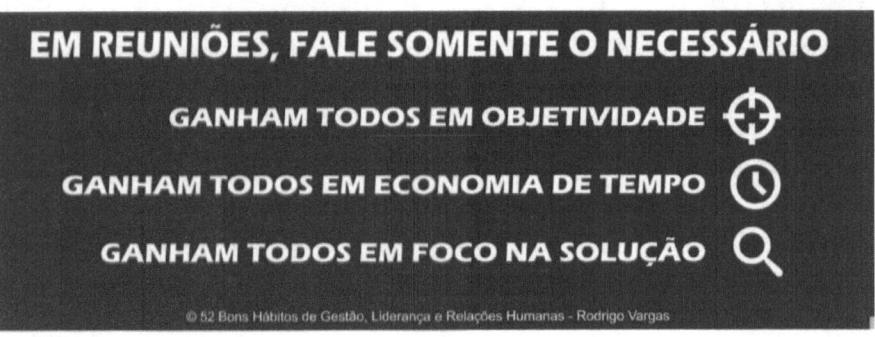

Acima de tudo, uma reunião deve ser objetiva e organizada, para poder trazer resultados e ser produtiva. Portanto, aproveite a oportunidade e dê sua parcela de contribuição para que isso ocorra, e tenha em mente que você, ali na reunião, frequentemente estará representando toda uma equipe. E lembre-se do que diz a filosofia chinesa: "Se as suas palavras não forem melhores que o seu silêncio, fique calado." Seja notado, não por falar demais, mas por ser ponderado, assertivo e resoluto.

HÁBITO 24 - Em reuniões, fale somente o necessário!
RESUMO
Prepare-se para a reunião, esteja bem-informado sobre assunto a discutir.
Fale de modo que todos o escutem e entendam claramente o que você está dizendo.
Se lhe faltar alguma informação, busque-a na hora, se for possível, ou combine uma forma de enviar posteriormente, se for cabível.
Tenha em mente os benefícios da objetividade, economia de tempo, e foco na solução.

25. Não exagere no trabalho!

HÁBITO 25: NÃO EXAGERE NO TRABALHO.

Fazer hora extra, eventualmente, ou durante um período específico, para cumprir determinados objetivos, é cabível e natural. Porém, prolongar seu horário, todo dia, e fazer disso uma rotina, pode ser interpretado como bajulação, ou como um atestado de que você não dá conta de suas atividades dentro de um horário normal, ou ainda, que você esteja só querendo aumentar o seu salário. Isto é aplicável a qualquer membro de sua equipe! Fique atento!

Estatísticas de 2014/2015 do Departamento Britânico de Saúde e Segurança mostram que o *stress* foi responsável por 35% dos casos de doenças no trabalho, e 43% dos dias de trabalho perdidos por doenças. Os principais fatores citados pelos respondentes como causa do *stress* no trabalho foram: 1) a pressão exagerada no cumprimento de metas e prazos, e 2) demasiada responsabilidade com falta de suporte da gerência. Um artigo da revista Viver – Mente & Cérebro (edição 161, "*Stress* e Trabalho: Trabalho mata?") relatou um estudo feito no Japão com 526 homens entre 30 e 69 anos, em que os que trabalhavam mais de 11 horas diárias tinham 2,4 vezes mais possibilidade de sofrer ataque cardíaco, comparados aos que trabalhavam 8 horas. Ainda que fatores como obesidade, fumo, pressão alta, colesterol e diabetes também estivessem associados, o número de horas trabalhadas continuava muito ligado aos problemas de saúde. Esse mesmo artigo da revista, assinado por Harvey B. Simon (então professor de Medicina em

Harvard e membro da Faculdade de Ciências e Tecnologia da Saúde do Instituto de Tecnologia de Massachusetts-MIT), informou que, anos antes, um grupo de vários especialistas examinou mais de uma dúzia de estudos anteriores sobre trabalho e saúde, encontrando uma correlação consistente entre horas de trabalho e saúde debilitada. Portanto, como gestor, você deverá cuidar não apenas para que "você" não exagere no trabalho, mas também cuidar para que "sua equipe" não o faça, e nem abuse de horas extras. Veja, a seguir, um infográfico que preparei para ilustrar esse tema e que resume o risco associado ao excesso de horas de trabalho, suas possíveis causas, impactos, e ações a tomar.

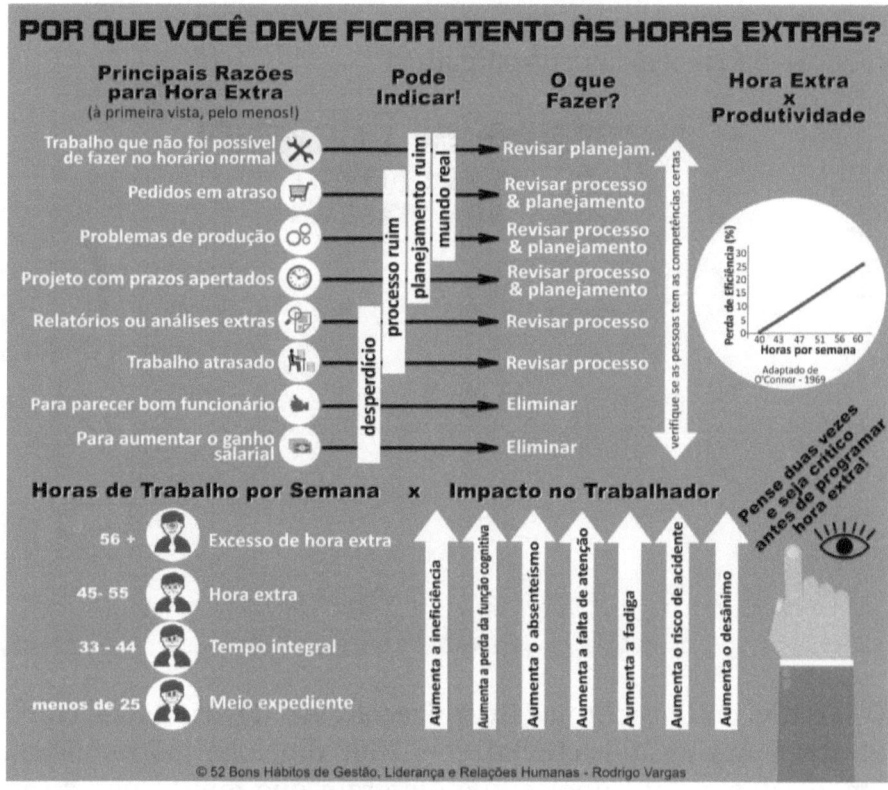

É importante enfatizar que poderão (e provavelmente irão) ocorrer algumas situações de trabalho em que sejam necessárias cargas de volume ou de atividades maiores do que o usual. Isso é normal. Porém, se um trabalho em hora extra persiste indefinidamente isso pode significar duas coisas: ou o trabalho está mal dimensionado para a quem o executa, ou quem o executa não tem as competências necessárias. Portanto, cargas elevadas de trabalho não podem ser rotina.

O exagero no trabalho pode dar origem a uma doença ocupacional chamada de Síndrome de *Burnout* (ou Síndrome do Esgotamento no Trabalho em bom Português) que é definida pela Organização Mundial da Saúde (WHO) como sendo o resultado do *stress* crônico no local de trabalho, e que não foi gerenciado com sucesso. Os 3 principais sintomas são: sentimento de esgotamento de energia, afastamento mental do trabalho ou sentimento de negativismo relacionado ao trabalho, redução da eficiência profissional.

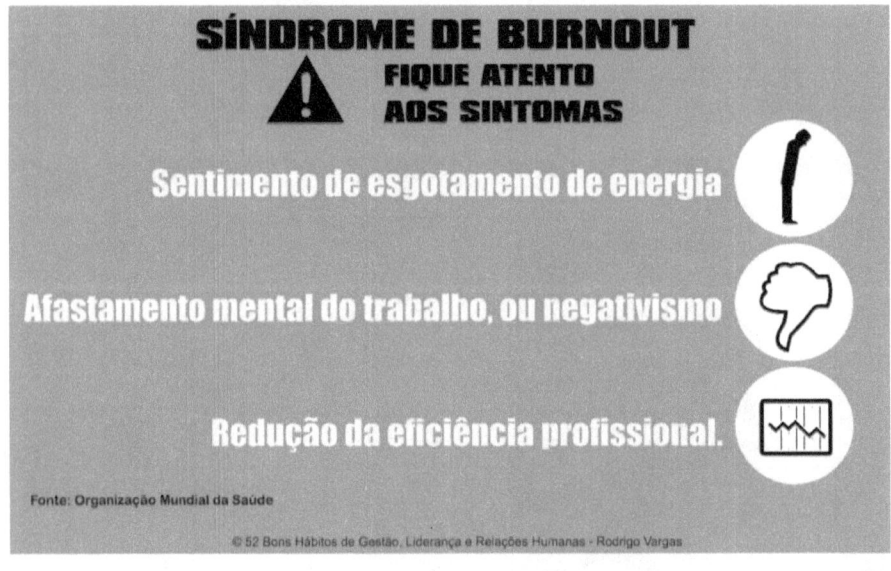

Os Efeitos do *Burnout* nas Organizações são destruidores, como mostrou uma pesquisa Gallup com 7500 funcionários, publicada em 2018, em que aqueles que disseram que muitas vezes (ou sempre) sofrem *Burnout* no trabalho têm 63% mais chances de passar um dia doente, 23% mais chances de visitar a sala de atendimento médico, 2,6 vezes mais chances de deixar seu atual emprego, e 13% menos confiante em seu desempenho. Para evitar a Síndrome de *Burnout*, a pesquisa Gallup encontroou 5 fatores como tendo uma correlação significativa com o *Burnout* e que, portanto, deveriam ser de grande atenção por parte das Organizações, para reduzir o *Burnout* no local de trabalho:

- **Tratamento injusto no trabalho**: quando os funcionários costumam ser tratados injustamente no trabalho, têm 2,3 vezes mais chances de sofrer um alto nível de desgaste. O tratamento injusto pode incluir desde preconceito, favoritismo e maus-tratos por um colega de trabalho, até remuneração injusta ou políticas corporativas desajustadas.
- **Carga de trabalho excessiva**: os colaboradores de alto desempenho podem mudar rapidamente de otimistas para desesperados, enquanto se afogam em uma carga de trabalho incontrolável.
- **Falta de clareza na função**: quando a responsabilidade e as expectativas da função não estão claras, os colaboradores podem ficar exaustos apenas tentando descobrir o que se está querendo deles. Os bons gerentes discutem responsabilidades e objetivos de desempenho com seus funcionários e colaboram com eles para garantir que as expectativas sejam claras e alinhadas com esses objetivos.
- **Falta de comunicação e apoio do gerente:** O suporte do gerente e a comunicação frequente fornecem um amortecedor psicológico, para que os funcionários saibam que, mesmo que algo dê errado, o gerente está ao par das coisas. Os funcionários que se sentem apoiados pelo gerente têm uma probabilidade 70% menor de sofrer *burnout* regularmente.
- **Pressão de tempo irracional**: Quando os funcionários afirmam que costumam ou sempre têm tempo suficiente para realizar todo o trabalho, eles têm 70% menos probabilidade de sofrer um desgaste excessivo. Prazos e pressões irracionais podem criar um efeito de bola de neve, quando os colaboradores perdem um prazo irracional e ficam para trás também nas próximas tarefas que devem fazer.

É fácil perceber a importância das lideranças, tanto para evitar o *Burnout*, quanto para desencadeá-lo. Um estudo da Universidade Federal do Paraná intitulado "Working Environment and Burnout Syndrome" (O Ambiente de Trabalho e a Síndrome de *Burnout* - em tradução livre), realizado pelos pesquisadores Elide Sbardellotto M. da Costa, Adriano Hyeda e Eliane Mara Cesareo Pereira Maluf, e publicado em 2016, concluiu que o suporte da Organizacional no ambiente de trabalho tem uma relação significativa com o risco de Burnout, especialmente a função de liderança na gestão de pessoas. Portanto, para bem exercerem suas funções, **os gestores da Organização devem cultivar as competências de gestão** (gestão do tempo, estabelecimento de metas, organização, delegação de poderes, avaliação eficaz da equipe, desenvolvimento de competências, liderança, análise crítica, melhoria contínua, planejamento, visão detalhada dos processos que administra, visão geral dos processos da organização) **e as competências de liderança** (motivação, equilíbrio, visão positiva, justiça, iniciativa/proatividade, aprendizagem com os erros, comunicação, foco em resultados, tomada de decisões difíceis, e criatividade), descritas em detalhes no meu livro "Cultura de Melhoria: Levando a Organização à Excelência".

Por mais que você goste de seu trabalho, lembre-se de que **um bom profissional** é, antes de tudo, **um bom ser humano**, e que também tem família, amigos e outras atividades no seu dia a dia. Por isso, é importante você conseguir ter um equilíbrio entre as **atividades sociais, físicas, espirituais e mentais**. O excesso de trabalho, numa escala rotineira, muito provavelmente, irá comprometer alguma dessas outras áreas que você tem necessidade de desenvolver, e poderá, facilmente, levá-lo ao *stress* e, depois, ao esgotamento físico ou mental. Portanto, na busca de uma vida mais saudável, precisamos observar as 4 áreas de equilíbrio: **social, física, espiritual e mental**. Na **área social**, além de seu trabalho, lembre-se de que você tem os seus amigos e a sua família: pai, mãe, filho, filha, esposa ou marido, etc. e, também, precisa dar-lhes a atenção devida. Na **área física**, lembre-se de que você precisa adotar uma prática esportiva regular, uma atividade física com o objetivo de manter e ganhar saúde. Quem pratica, sabe bem a diferença que faz, aumentando, inclusive, a disposição para o trabalho (falarei um pouco mais sobre a importância da atividade física em capítulo próprio). Na **área espiritual**, você precisa ter um tempo para meditar, rezar, e alimentar o seu espírito de coisas boas. Na **área mental**, você precisa ter um tempo para você, tempo para ler, pensar, refletir e colocar suas ideias em ordem. Lembre-se de que o melhor resultado vem do equilíbrio das suas escolhas.

Equilibrar as áreas da vida social, espiritual, mental e física, significa dividir o seu tempo e distribuí-lo de forma inteligente (não, necessariamente, igual) a todas as áreas, de modo que lhe faça bem. Obviamente, alguns despendem mais tempo com a área física, outros com a social, ou ainda com a mental ou espiritual, exatamente pelo fato de que existem preferências pessoais, além do fato de que o trabalho da pessoa pode estar associado mais a uma determinada área, como é o caso do atleta profissional (foco na área física), escritor (foco na área mental), pregador (foco na área espiritual), ou promotor de eventos (foco na área social). Independentemente da sua profissão, a sabedoria está em encontrar equilíbrio nas próprias diferenças, através de escolhas acertadas.

O hábito que proponho aqui é o de **não exagerar no trabalho**, garantindo um período de descanso adequado para conseguir recuperar-se do *stress* do trabalho; e que haja tempo na sua vida cotidiana para, de forma equilibrada, estimular as áreas sociais, físicas, espirituais e mentais, buscando o que eu chamo de equilíbrio interno. Isso tudo poderá fazer de você uma pessoa muito mais completa, realizada e fortalecida, pronta para os desafios do dia a dia.

HÁBITO 25 - Não exagere no trabalho! RESUMO
Não exagere no trabalho, e evite as horas extras para não se acostumar com elas.
Tenha certeza de ter tempo para descansar antes de sentir-se excessivamente cansado.
Equilibre as suas atividades sociais, físicas, espirituais e mentais para manter-se são e fortalecido.
Reserve tempo para sua família.

26. Faça um esporte!

No capítulo "Não exagere no trabalho" vimos a importância de não extrapolar no trabalho, e de equilibrar as quatro áreas da vida. Eu quero, agora, dar uma atenção especial ao hábito específico da **atividade física**, e você logo entenderá o porquê. Numa Organização, hoje, muito mais que nas décadas passadas, você é submetido a níveis de *stress* altíssimos, conforme eu já comentei. A melhor forma de você se proteger dos males do *stress*, e de ficar em melhores condições de lidar com ele, é praticar uma atividade esportiva, qualquer que seja, mas, preferencialmente, que você goste (caso contrário, você poderá não conseguir dar continuidade a ela, e sem regularidade você dificilmente obterá resultados).

A revista Viver – Mente & Cérebro (edição 161) publicou um artigo intitulado "*Stress* e Trabalho" em que relata uma avaliação com 99 mil trabalhadores ferroviários italianos que mostrou que a combinação de grande responsabilidade profissional (que pode ser um indutor de *stress*) e pouca atividade física estava associada ao aumento do risco de ataque cardíaco. O Centro de Controle e Prevenção de Doenças (CDC), vinculado ao Departamento de Saúde do Governo Americano, afirma que a atividade física regular é o hábito mais efetivo para prevenir doenças, enumerando como principais benefícios: 1) redução da depressão, 2) aumento da estamina (vigor físico) e força, 3) redução da obesidade (principalmente quando associada a uma dieta alimentar), 4) redução dos riscos de doenças vasculares (pressão alta, colesterol, ataque cardíaco, diabetes tipo 2). O CDC recomenda às Organizações que estimulem seus colaboradores a adotarem programas de atividade física regular.

A atividade muscular, ou atividade física, mexe com a química de nosso corpo, liberando, entre outros, hormônios como GH (hormônio do crescimento), que é responsável, entre outras coisas, pela manutenção da musculatura, redução da gordura corporal, e aumento da imunidade; e a endorfina, que é responsável por melhorar nossa memória, nosso estado de espírito (bom humor), aumentar a resistência e disposição física e mental, e aliviar as dores. Já no final dos anos 90, a neurociência descobriu que a ação antidepressiva e estabilizadora do humor, proveniente do exercício físico, está relacionada a uma ação do corpo sobre o cérebro, que é a capacidade de fazer com que aumente a produção de neurônios novos no hipocampo (hipocampo é uma estrutura localizada nos lobos temporais do cérebro humano, considerada a principal sede da memória e do sistema de controle de emoções) e no chamado sistema de recompensa.

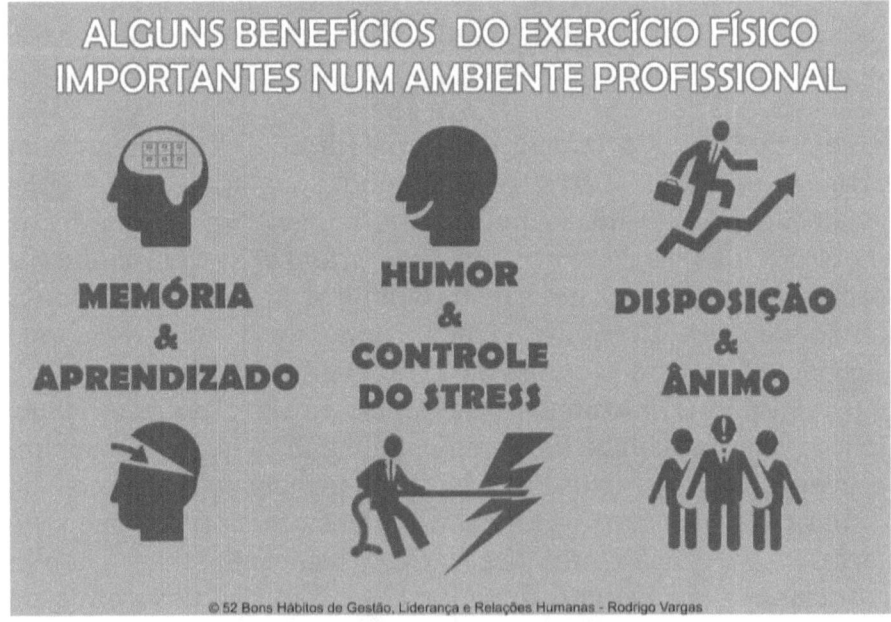

Lembre-se de que você não será jovem eternamente, portanto cuide de sua saúde. Pessoas que praticam atividade física, algum esporte (dança, musculação, vôlei, futebol, aeróbica, boxe, judô, jiu-jítsu, corrida, ciclismo, natação, etc.), têm um aspecto mais saudável, e são vistas com admiração. São pessoas que sentem um bem-estar maior, pois mantém o corpo em atividade muscular. É como diz a célebre frase em latim: *"mens sana in corpore sano"*, que significa, **mente sã num corpo sadio**.

Portanto, caro leitor, para manter a sua saúde física em dia, faça uma atividade física regular, e não se esqueça de procurar a orientação de um profissional da área antes de iniciar suas atividades.

HÁBITO 26 - Faça um esporte!
RESUMO

Faça uma atividade física regularmente.

Lembre-se de que a atividade física promove saúde e bem-estar; melhora a memória e facilita o aprendizado; melhora o humor e o controle do *stress*; dá mais disposição e ânimo para encarar os desafios do trabalho.

27. Faça um trabalho voluntário!

Fazer um trabalho voluntário faz bem ao ser humano, tanto ao que recebe, quanto ao que doa. Você não deve fazer isto apenas porque esteja na moda, ou porque você queira colocar em seu currículo que está fazendo um trabalho voluntário. Você deve fazê-lo somente se entender a razão maior que está por trás disso. O trabalho voluntário dignifica o ser humano e o torna mais *"gente"*. E o que isto tem a ver com gestão, liderança e relações humanas? Tudo! Na medida em que você se sente uma pessoa melhor e mais completa, você transmite isso aos outros!

Você não deve usar isso como forma de marketing. O grande benefício que você pode tirar disso é o espiritual. Você vai ficar melhor consigo mesmo, pelo fato de saber que pôde dar a sua parcela de contribuição a quem precisa. É essa a verdadeira força motriz que deverá impeli-lo a, voluntariamente, ajudar o próximo. Quem sabe quando nós mesmos não precisaremos da ajuda de alguém?

A revista Forbes publicou em 2015 um interessante artigo sobre o trabalho voluntário, na edição online, intitulado "5 Surprising Benefits Of Volunteering" (5 Benefícios Surpreendentes do Trabalho Voluntário), escrito por Mark Horoszowski. Eu listo a seguir, em tradução livre e de forma resumida, os 5 benefícios citados no artigo:

1. **Doar seu tempo faz você sentir que tem mais tempo**: A professora Cassie Mogilner, da escola de negócios

Wharton (Universidade da Pensilvânia-US) escreveu um artigo na Harvard Business Review mostrando que sua pesquisa concluiu que aqueles que doam seu tempo ao trabalho voluntário sentem-se como tendo mais tempo, assim como uma pesquisa similar que mostrou que aqueles que doam dinheiro para caridade sentem-se mais ricos.
2. **Doar suas habilidades ajuda você a desenvolver novas habilidades:** Fazer um trabalho voluntário utilizando suas habilidades pode ajudá-lo a desenvolver novas habilidades e impulsioná-lo na sua carreira. De fato, um artigo publicado na Stanford Social Innovation Review apontou o trabalho voluntário baseado em habilidades profissionais como sendo "o novo campo de treinamento executivo".
3. **A ação de doar ajuda você a ter mais saúde**: A Instituição Americana "Corporation for National & Community Service" publicou um relatório dizendo que estudos encontraram que o trabalho voluntário levou a um melhor estado de saúde, menor taxa de mortalidade, maior capacidade funcional, menor incidência de depressão do que aqueles que não eram voluntários.
4. **Doar experiência aumenta a sua experiência**: Vemos isso consistentemente com analistas de negócios e consultores, onde uma nova tarefa acrescenta novas experiências e perspectivas.
5. **Doando amor, você recebe amor**: Embora seja difícil medir o amor em escalas, um estudo da Escola de Negócios de Londres examinou a relação entre o voluntariado e a felicidade e encontrou uma relação positiva apontando que quanto mais trabalho voluntário as pessoas faziam, mais felizes pareciam. Voluntariado promove empatia, fortalece os laços sociais, e faz você sorrir.

TRABALHO VOLUNTÁRIO

Algumas horas da sua semana ou do seu mês podem fazer a diferença na vida de alguém.

Não espere nada em troca, a não ser a sua satisfação em saber que pôde contribuir positivamente.

Contribua com assistência a famílias carentes, apoio na escola do bairro, com treinamento gratuito, com palestra para jovens, com doação de sangue, com trabalho em asilos ou orfanatos, etc.

Contribua de forma regular.

No Brasil, existem muitas oportunidades para se ajudar o próximo, pois, infelizmente, existem muitas pessoas passando necessidades. Seja na associação de bairro, na igreja, na escola, ou na comunidade, sempre há alguém precisando de alguma coisa que, talvez, possa ser a sua contribuição. Hoje, inclusive, a internet é uma boa fonte de busca de sites e instituições que oferecem oportunidades de voluntariado. Mãos à obra!

HÁBITO 27 - Faça um trabalho voluntário!
RESUMO
Faça um trabalho voluntário, pois dignifica o ser humano, e fortalece seu espírito.
O voluntariado, além de ajudar o próximo, também faz bem a você mesmo.
Verifique as oportunidades para ajudar em locais como a sua igreja, associação de bairro, condomínio, escola e comunidade em geral.

28. Só prometa aquilo que você está certo de que poderá cumprir!

HÁBITO 28: SÓ PROMETA AQUILO QUE VOCÊ ESTÁ CERTO DE QUE PODERÁ CUMPRIR.

Cuidado com as promessas. Algumas pessoas perdem credibilidade por prometerem muito e realizarem pouco, ou simplesmente por não fazerem o que foi prometido. Tenha em mente que tudo o que for prometido deve ser cumprido!

Portanto, se aquela promoção que você quer dar ao seu melhor funcionário ainda depende da assinatura do diretor, mesmo que seja só uma praxe (digamos que o diretor aprova esse tipo de solicitação que chegam até ele), mesmo assim, não diga que você já conseguiu a promoção, e aguarde até o final do processo.

Nas Organizações, é muito comum as pessoas virem até o gestor, argumentando sobre o tempo de casa, e do quanto estão se dedicando à empresa, com o intuito de pedir um aumento de salário; até aí, tudo bem. Porém, já tomei conhecimento de algumas situações em que o chefe prometeu aumento salarial sem ter a devida aprovação para isso, apenas com o intuito de agradar e aquietar o sujeito. Não caia nessa tentação. Explique como funciona o plano de cargos e salários da Organização, fale sobre os momentos oficiais de aumento salarial, fale sobre as avaliações de competência, mas resista à tentação de ficar prometendo isso e aquilo.

Certa vez, eu assumi um determinado cargo gerencial em uma área com significativa complexidade de uma empresa multinacional. Eu fui informado pelo RH (departamento de Recursos Humanos) que havia uma promessa antiga (ainda não realizada) de reestruturação de todo o Plano de Cargos e Salários da referida área. Eu podia ver no rosto das pessoas da equipe a frustração e o descontentamento por conta disso. Coincidência ou não, vários dos principais indicadores de qualidade dos processos da área estavam abaixo da média. Felizmente, como eu tinha alguma experiência com Plano de Cargos e Salários, e porque houve aprovação, fizemos a tão sonhada reestruturação. Obviamente, essa questão pode não ter sido o principal motivo pelo qual a área enfrentava problemas de qualidade, mas não tenho dúvida sobre sua contribuição negativa.

PROMESSAS NÃO CUMPRIDAS PODEM GERAR:

FRUSTRAÇÃO NA EQUIPE

BAIXA DO COMPROMETIMENTO DA EQUIPE

PERDA DE CREDIBILIDADE DOS GESTORES

ESSES SÃO OS INGREDIENTES BÁSICOS DA IMPRODUTIVIDADE E DA NÃO-QUALIDADE

↪**NÃO DEIXE ISSO ACONTECER!**

© 52 Bons Hábitos de Gestão, Liderança e Relações Humanas - Rodrigo Vargas

Promessas não cumpridas, e as suas consequências devastadoras, são malefícios desnecessários para você e para a Organização. Fique atento para não o fazer, e exija essa mesma postura de todos os seus liderados que, eventualmente, também tenham suas próprias equipes.

HÁBITO 28 - Só prometa aquilo que você está certo de que poderá cumprir!

RESUMO

Só prometa aquilo que você está certo de que poderá ser feito. Lembre-se de que promessas que não são cumpridas podem destruir a sua credibilidade.

29. Avalie eficazmente sua equipe!

HÁBITO 29: AVALIE EFICAZMENTE SUA EQUIPE.

Este é um assunto em que, penso eu, divirjo da grande maioria. Vou explicar o porquê. Na grande maioria das Organizações que conheci, o sistema de avaliação era fundamentado em pontuações. Seja baseado em competências, ou quesitos, o colaborador era avaliado num processo em que a chefia o pontuava. Em todos os meus anos como gerente, não me lembro de uma pessoa sequer que tenha externado sua satisfação em relação a esse modelo de avaliação. Ao contrário, era quase sempre um momento de *stress* e ansiedade para o avaliado. Por quê? Ora, eu não conheci ninguém que se sentiu à vontade sendo pontuado e recebendo nota por isso e por aquilo.

Diz a cartilha sobre as avaliações, que o avaliador deve buscar um consenso com o avaliado, para que, assim, este busque a melhoria. Mas, nesse momento de avaliação, chegar a um consenso sobre uma nota pode ser um processo desgastante e improdutivo. Outra coisa, eu percebi, com o tempo, que não havia foco na principal competência que se queria que o colaborador melhorasse, pois, por mais que ela fosse ressaltada, de fato, acabava se perdendo por entre as diversas notas dadas e discussões geradas. É um pensamento comum do avaliado sentir-se injustiçado pela nota, afinal, isso é próprio do ser humano, valorizar seu trabalho, seus esforços e seus resultados, com alguma dificuldade para perceber onde precisa, efetivamente, mudar e melhorar.

Sem dúvida, após vários anos avaliando e sendo avaliado por pontuações, resolvi adotar uma nova prática. Resolvi avaliar cada colaborador da seguinte maneira:

- Escolhia duas competências, ou no máximo três, em que o avaliado demonstrava ter bom desempenho, ou bons resultados.
- E uma única competência, ou no máximo duas, em que o avaliado precisava melhorar, desenvolver.
- Começava falando dos pontos positivos, das competências que ele desempenhava bem. Isso é bom para o avaliado ter certeza de que é reconhecido e valorizado por isso, e abre caminho para a discussão sobre a competência a desenvolver. Percebi que as conversas se tornaram objetivas, interessantes e muito mais produtivas.
- Após a reunião de avaliação, uma vez acordado o ponto a ser desenvolvido (coisa que é muito mais fácil nesse modelo de avaliação), o avaliado deve apresentar um plano de ação demonstrando como pretende melhorar.

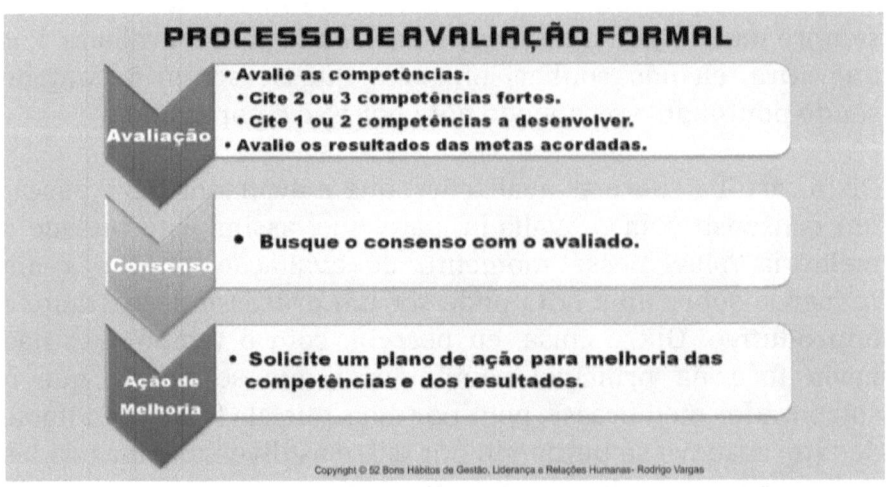

Nesse modelo, consegue-se reconhecer os pontos positivos e estabelecer claramente onde o avaliado precisa melhorar. Não se consome tempo com um infindável rosário de discussões sobre graduações, pontos, ou notas. Fala-se sobre dois ou três pontos positivos, e um ou dois pontos a desenvolver. Como não é um processo desgastante como o modelo por pontos, o avaliado sai com energia e disposição suficientes para elaborar seu plano de ação e trabalhar efetivamente na melhoria.

Obviamente, eu tive liberdade para avaliar minha equipe dessa forma. É claro que, em muitas Organizações, existem modelos corporativos de avaliação de desempenho por pontuação e, muitas vezes, infelizmente, é difícil ser alterado. De todo modo, sempre restará a você a possibilidade de, como eu, argumentar e propor um modelo menos estressante ao avaliado, mais produtivo e com melhores resultados.

Além da avaliação por competências, você deve avaliar também o nível de atingimento das metas e dos objetivos que foram acordados. Na avaliação do atingimento das metas, ao contrário da avaliação por competências que é subjetiva, a discussão é bastante objetiva, baseada em valores atingidos, histórico e contexto.

O processo de avaliação não tem, necessariamente, que estar vinculado a programas de distribuição de lucros da Organização, ou aumento salarial. Devemos ter em mente que o objetivo precípuo, essencial, de um processo de avaliação de um colaborador é **buscar melhorar seu desempenho e os resultados** atingidos, mas, evidentemente, bom desempenho e bons resultados podem desencadear uma promoção e, ao contrário, uma substituição.

Portanto, independentemente da sua Organização ter um processo formal de avaliação, adquira o hábito de avaliar, de tempos em tempos, os membros de sua equipe de um modo mais formal. Esse momento de avaliação pode ocorrer em datas programadas, ou no momento em que você entender cabível.
Mas lembre-se de que ele não substitui o *feedback* diário, do cotidiano, o olho no olho, baseado no dia a dia de trabalho. A grande diferença é que o processo de avaliação é formal, e tem, evidentemente, sua importância na busca da melhoria do desempenho.

HÁBITO 29 - Avalie eficazmente sua equipe!
RESUMO

Avalie o colaborador por competências:
1. Citar 2 ou 3 competências fortes
2. Citar 1 ou 2 competências a desenvolver
3. Dê exemplos que corroborem sua fala
4. Busque consenso do avaliado
5. Solicite um plano de ação de melhoria

Avalie o colaborador pelas metas acordadas anteriormente.

Torne esse momento uma grande oportunidade de melhoria.

30. Tenha um plano de carreira!

Eu digo que você deve saber aonde quer chegar, para poder chegar lá. Muitas Organizações já têm, como ferramenta de gestão de pessoas, a elaboração de um plano de carreira. Neste caso é mais fácil, porque, pelo menos em tese, haverá um interesse e um comprometimento maior.

Como sugestão, faça um plano de carreira com visão de 1 a 3 anos, e outro com visão de 4 a 8 anos. Faça seu chefe formalmente conhecê-lo e peça que dê um feedback sobre o assunto. Isto vai ajudá-lo a fazer acontecer as promoções, ou treinamentos, ou o que quer que seja, necessários ao cumprimento de seu plano.

Se a sua empresa não tiver como sistemática anual o preenchimento do plano de carreira, e, se você tiver dificuldades em elaborá-lo, uma boa prática é a de recorrer ao RH da empresa para buscar suporte. Vai demonstrar seu interesse pelo seu crescimento profissional, e, por outro lado, você torna o RH um parceiro. Mas lembre-se, não deixe de envolver seu chefe.

Um plano de carreira básico deve considerar primeiro uma boa reflexão sobre você mesmo, seus valores (em que você acredita, o que considera importante) e sua missão (o que você quer construir, a que quer se dedicar). Após essa importante reflexão, pense onde quer estar, e o que quer estar fazendo daqui a 8 ou 4 anos. Baseado nisto, retroceda uns anos e imagine onde deve estar, e o que precisa estar fazendo daqui a 3 ou 1 anos para que seja viável ocorrer seu plano de longo prazo. A partir daí, construa um plano de ação, definindo na prática, o que (e quem) é preciso fazer para que você atinja seus objetivos. É aí que você deve acessar seus contatos, seu chefe, o RH de sua empresa, amigos, bem como, realizar o desenvolvimento necessário. Faça uma análise crítica de 6 em 6 meses, e uma revisão geral de ano em ano.

Portanto, mãos à obra, porque para seu plano de carreira se realizar, antes de qualquer coisa, ele deve estar no papel e formalizado.

HÁBITO 30 - Tenha um plano de carreira!
RESUMO
Faça um plano de carreira com visão de 1 a 3 anos, e de 4 a 8 anos.
Você deve ser o maior interessado em seu próprio desenvolvimento profissional. Seja você mesmo o protagonista no planejamento de sua carreira.
Compartilhe o plano com seu chefe e peça *feedback*.

31. Livre-se das perguntas embaraçosas!

Por certo, ao longo de sua carreira, você irá se deparar com perguntas embaraçosas, do tipo que você não espera, e feitas, muitas vezes, com o propósito de intimidar você, ou constrangê-lo, seja numa reunião, numa apresentação, ou em algum outro momento, o mais das vezes, inapropriado.

Mas não há problema. A primeira dica é para você ganhar tempo para a resposta, enquanto pensa um pouco mais, caso seja necessário. Você pode repetir toda a pergunta que lhe foi feita. Dessa forma, você pode dizer: "se eu entendi bem, você está me perguntando se..."

Você poderá, ainda, reagir de outras maneiras:

1. Devolva-as com bom humor, demonstrando confiança.
2. Faça outra pergunta como resposta da primeira.
3. Ou você pode simplesmente dizer, principalmente se for em público, que aquele não é o foro adequado, e que o assunto deve ser tratado posteriormente.

LIVRE-SE DAS PERGUNTAS EMBARAÇOSAS

RESPONDA COM BOM HUMOR — **RESPONDA COM OUTRA PERGUNTA** — **RESPONDA COM UM POSICIONAMENTO NOVO DE TEMPO OU DE FORO**

Há alguns anos atrás, assisti a uma entrevista com o Paul McCartney, que havia sido realizada em plena Beatlemania, na qual o jornalista pergunta se ele já havia usado drogas. Que situação, hein? Principalmente para um ídolo de milhões de pessoas. Um resumo da cena seria algo mais ou menos assim:
- *Paul, você já usou LSD (droga utilizada na época)?*
Isso feito em frente às câmeras, como ele poderia mentir? O que dizer, então?
Paul respondeu:
- *4 vezes.*
O repórter, então, se achando vitorioso na situação, pergunta:
 - *Você acredita que é um assunto que você deveria manter só com você?*
E Paul responde: - *A questão é que eu fui perguntado... a decisão seria mentir ou dizer a verdade. Eu decidi dizer a verdade... Mas eu preferia não ter dito nada a ninguém...*
O repórter insiste:
-*E você não acha que pode estar incentivando seus fãs a consumir drogas?*
E Paul responde:
- *Penso que não... Eu fui perguntado se usei ou não... Você é que está espalhando isso agora, nesse momento... E eu preferia que não. Mas você está me perguntando, e você quer que eu seja honesto. Eu estou sendo honesto.*

Nesse caso, Paul utilizou-se da técnica de reforçar uma virtude ao reconhecer um erro. Paul reforçou a virtude da honestidade, reconhecendo que o fato de ter usado drogas não era algo que ele gostaria de estar tornando público. E, no final das contas, Paul devolveu a pergunta do entrevistador com uma pergunta implícita: se você acha errado, por que está divulgando?...

Na verdade, agindo sempre com correção, integridade e buscando em suas ações fazer sempre o melhor possível, você não deverá ter receio de nenhuma pergunta. As dicas são úteis principalmente para as pessoas mais tímidas ou que possam ter mais facilidade de se sentirem constrangidas, principalmente ao falarem em público. Mas, de fato, quando ganhamos um pouco mais de tempo para responder uma pergunta, temos a possibilidade de pensar melhor, evitar a impulsividade, respondendo com a razão e o equilíbrio.

HÁBITO 31 - Livre-se das perguntas embaraçosas!
RESUMO

Ao ser perguntado de forma capciosa, com intenção de embaraçá-lo:
- Ganhe tempo para pensar, repetindo a pergunta que lhe foi feita.
- Responda com bom humor, demonstrando confiança.
- Faça outra pergunta como resposta da primeira.
- Se for em público você pode dizer que aquele não é o foro adequado, e que o assunto deve ser tratado posteriormente.
- Se envolver algum erro que você tenha cometido, enalteça uma virtude e reconheça seu erro.

32. Formalize o que é importante!

Não sou apologista do uso extensivo e exagerado do e-mail nas Organizações, nem de documentar cada passo que damos. Acredito que o dia a dia deve ser resolvido na base da conversa, pessoalmente ou por telefone. Mas tenho que admitir que certos assuntos devem ser formalizados, ou seja, colocados por escrito, na forma de memorando, e-mail, ata de reunião, etc.

Quando o assunto envolver segurança, saúde, datas-chave de cronograma, planejamento de produção, vendas, entrega, atendimento ao público, ou qualquer outro tema que possa gerar controvérsia futura, confusão, prejuízos graves, ou coisa parecida, recomendo que você formalize. Isso serve também para que todos tenham acesso à informação inequívoca e, dessa forma, empenhem-se no sentido de executar as atividades que devem ser executadas, e da forma que devem ser executadas, servindo, também, para eliminar (ou evitar) mal-entendidos, com o propósito de que todos tenham as informações claras, acessíveis, e facilitando a execução das ações. Seja sempre cortês e positivo na forma de escrever, com um texto claro e bem escrito.

Além de registrar assuntos de relativa importância, é claro que procedimentos, instruções de trabalho, normas internas, políticas, e tudo aquilo que a norma ISO 9001 estabelece como necessário, também deve ser registrado. Nesse caso, o objetivo é, não apenas, registrar um determinado assunto, mas, padronizar o trabalho, facilitar o treinamento, perpetuar os ganhos, disponibilizar e compartilhar as informações, etc.

Uma pesquisa intitulada *Effect of Formalization on Organizational Commitment; Interactional Role of Self-Monitoring in the Service Sector* (Efeitos da Formalização no Comprometimento Organizacional: Papel interacional do automonitoramento no setor de serviços - em tradução livre), realizada pelos professores Rizwan Qaiser Danish, Sidra Ramzan, Farid Ahmad, da Universidade de Punjab (Paquistão), e publicada pelo Instituto Americano de Ciências (American Institute of Science), em 2015, mostrou uma correlação positiva entre a formalização e o comprometimento Organizacional. A pesquisa considerou o termo "formalização" como sendo o conjunto de regras e regulamentos, políticas, métodos e atividades escritas de uma organização, e concluiu que essa formalização aumenta o comprometimento organizacional, enquanto o automonitoramento (conceito introduzido durante a década de 70 por Mark Snyder, que mostra o quanto as pessoas monitoram suas autoapresentações, comportamentos e expressões afetivas não-verbais) ajuda ainda mais a controlar esta questão nos empregados.

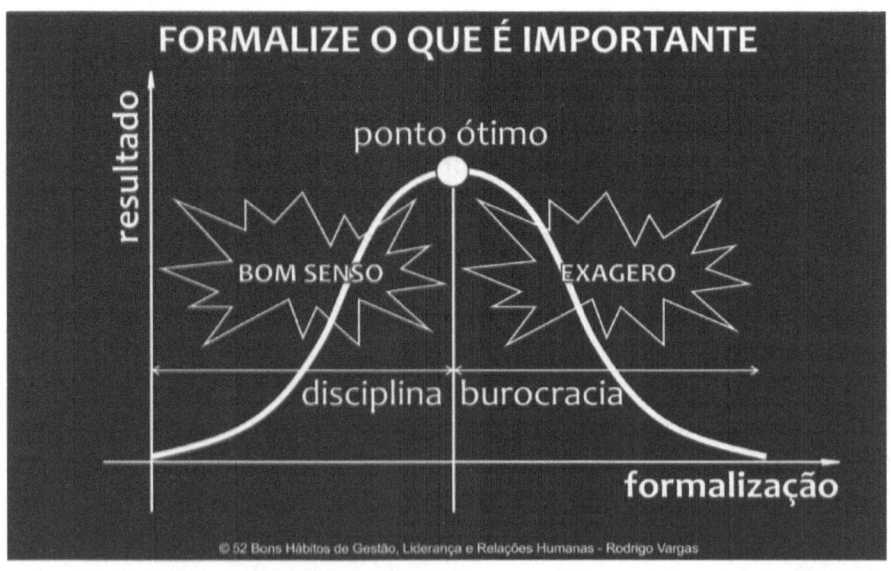

Use o hábito da formalização apenas com aquilo que é realmente importante, caso contrário, vai parecer uma pessoa burocrática demais, e isso não vai contribuir muito. A formalização daquilo que é realmente importante, perpetua o combinado, e possibilita o acesso às informações e seu histórico.

HÁBITO 32 - Formalize o que é importante! RESUMO
Formalize os assuntos que forem importantes.
Utilize o e-mail, memorando, ata de reunião e outros meios disponíveis e cabíveis para formalizar.
Aja com bom senso, procurando a disciplina, e fuja do exagero, evitando a burocracia.

33. Fale em público!

Geralmente, o medo de falar em público aparece no topo da lista das enquetes sobre os maiores medos do ser humano. Como exemplo, o estudo "The Speech Anxiety Thoughts Inventory: scale development and preliminary psychometric data", de 2003, conduzido por pesquisadores do Laboratório de Estudos de Desordens de Ansiedade do Departamento de Psicologia da Universidade do Texas e da Universidade de Hallym - Coréia do Sul, aponta, logo no seu início (e baseado numa série de outros estudos), que a maior fobia social de uma pessoa é a de falar em público. Outro estudo intitulado "Social phobia in the general population: prevalence and sociodemographic profile", conduzido por pesquisadores de universidades da Suécia (Furmark, Tillfors, Everz, Marteinsdottir, Gefvert e Fredrikson), de 1999, aponta o medo de falar em público com sendo, de longe, a maior fobia social das pessoas em geral. A YouGov, empresa britânica de pesquisa e análise de dados, divulgou, em 2014, uma relação com os 13 maiores medos dos britânicos, sendo que o medo de falar em público (glossofobia) estava em terceiro lugar.

Estou relatando isso porque é importante você entender que **é absolutamente normal ter medo de falar em público**, ou seja, o medo existe para muita gente, inclusive grandes artistas, apresentadores e profissionais renomados. O medo é uma das sete emoções universais que o ser humano pode enfrentar, e surge pela ameaça de que algo ruim pode acontecer, seja real ou imaginário, físico ou psicológico. E **nem sempre o medo é ruim**, pois, graças a ele, ficamos distantes de uma cobra venenosa ou de um animal selvagem, e tomamos cuidado ao lavar uma janela num andar alto, ou atravessar uma rua.

O problema é quando o medo nos paralisa, ou, sendo exagerado, nos impede de fazermos coisas que precisam ser feitas. Ao terminar de ler esse capítulo, você terá informação suficiente para perder ou, pelo menos, reduzir o medo a níveis normais em relação a falar em público. Aliás, **um pouco de adrenalina antes de fazer uma palestra ou apresentação em público é, de certa forma, positivo**, pois mantém você alerta e com energia! Sendo assim, numa próxima vez que for falar em público e sentir seu coração bater mais forte, fique tranquilo, pois, dentro de limites razoáveis, é o seu corpo se preparando para o trabalho!

Uma das principais razões de você ter medo de falar em público, provavelmente, é o fato de não ter prática em fazê-lo. E o que devemos fazer quando não temos prática em algo? Devemos treinar! Adquirir o hábito! E lembre-se de que **falar em público, como qualquer hábito, requer prática**, portanto, crie oportunidades (no seu trabalho, na sua igreja, na associação do bairro, cursos de comunicação, cursos de oratória, cursos de teatro, etc.), e aproveite todas as que tiver.

Quando tiver que falar a um grupo de pessoas, tenha em mente algumas regras básicas:

> **#1 – Prepare-se, mas, não decore**: Sim, você deve, o quanto possível, preparar-se de maneira adequada, organizando suas ideias, formulando uma sequência lógica dos pensamentos, e tirando dúvidas sobre o que irá dizer; porém, jamais queira decorar palavra por palavra, pois isso é fatal (além de antinatural, a possibilidade de você se esquecer e perder o fio da meada é alta). Estabeleça, claramente, início, meio e fim de sua palestra, de modo que, ao falar, você saiba exatamente, em que momento de sua palestra você está;

isso é ótimo para dosar o tema em relação ao tempo, pois, em geral, você deverá ter um tempo mais ou menos definido para falar, seja numa apresentação em uma reunião, num congresso, num evento na empresa, etc.

#2 - Fale somente sobre o que você domina: Se eu quiser dar uma palestra sobre os avanços da medicina na área da ortopedia, provavelmente, será um fiasco, pois este é um assunto sobre o qual tenho pouco conhecimento. No entanto, se eu for falar sobre princípios de gestão, acredito que terei algum sucesso. Portanto, devemos sempre falar sobre aquilo que dominamos, por experiência (de vida e de trabalho) ou por estudo, pois, dessa forma, adquirimos autoridade para falar, e o público percebe isso.

#3 – Não atrase, nunca: se você quer iniciar uma apresentação com um público contra você, chegue atrasado, ou retarde o seu início. Qualquer palestrante que se preze, vai atentar para o ponto mais básico que é iniciar no horário marcado, nem antes, nem depois.

#4 – Nunca inicie uma palestra com muletas verbais: É terrível ver um palestrante iniciando uma apresentação dizendo "bom...", "então...", ou coisa parecida; pois parece que ele não sabe o que deve falar. Ao contrário, inicie com uma vigorosa saudação (bom dia! boa tarde! ou boa noite!). Uma forma criativa (e que vai impressionar o seu público) é iniciar com uma citação inspirada, relacionada ao tema da palestra, por exemplo: "A virtude está no equilíbrio", como dizia Aristóteles. Ou ainda, você pode, simplesmente, iniciar com uma frase direta: "A verdade é que somos desafiados todos os dias no nosso trabalho..." Outra coisa, o especialista em oratória, Dale Carnegie, diz, em seu excelente livro "Como Falar em Público e Influenciar Pessoas no Mundo dos Negócios", que não se deve iniciar uma palestra se desculpando pela sua falta de preparo ou de capacidade, ele diz que o público está interessado em ser informado; ele alerta que suas primeiras palavras são muito importantes e devem cativar, atrair atenção do público.

#5 – Aja com confiança: afaste os pensamentos negativos focando na sua apresentação e no que você tem que falar. Concentre-se nos aspectos práticos da apresentação. Se quiser, pouco antes da apresentação, poderá fazer uns 30 segundos de respiração profunda, movimentando o abdômen, pois o aumento no suprimento de oxigênio lhe dará mais energia e coragem. Acima de tudo, cultive um pensamento positivo, pois, concordam os psicólogos, a autossugestão é um poderoso auxiliar!

#6 - Mantenha uma boa postura: corpo ereto, braços esticados ao lado do corpo ou gesticulando tranquilamente, corpo parado (não fique zanzando de um lado a outro, pois denota nervosismo e distrai o público - movimente-se quando for justificado). Não masque chicletes, nem chupe bala. Evite cruzar os braços ou colocar a mão no bolso. Não fique segurando caneta, papel, ou qualquer outra coisa que não tenha um propósito específico (e, se houver, deve ser por pouco tempo). Não fique consultando o smartphone ou relógio, como se tivesse um outro compromisso mais importante (na frente do público, este é o compromisso mais importante). Não dê as costas ao público, e se isso for, por algum motivo, necessário, desculpe-se e seja rápido. Não apoie o corpo em bancadas, cadeiras, ou o que quer que seja, pois denota falta de energia e relaxo.

#7 – Olhe para todos os lados: Não fique com o olhar fixo em alguém ou algum lugar. Não fique olhando para o chão, como se estivesse querendo lembrar de algo, ou como se tivesse perdido algo. Não fique olhando para o teto ou para a porta, pois isso desviará atenção do público. Olhe para as pessoas!

#8 – Cuide da voz: fale num tom em que todos possam ouvi-lo. Fale com vigor e energia. Há lugares em que você poderá precisar de microfone para ser ouvido por todos, e, se não estiver acostumado com o microfone, procure, se possível, testar sua fala ao microfone, antes de sua apresentação; pois, há aqueles que falam gritado com o microfone e isso torna a palestra desconfortável ao público; falar com energia não é gritar. Pratique para tornar a sua voz forte e flexível. A regra geral é que você deve ser entendido por todo o público, transmitindo vigor em sua fala, demonstrando vontade de estar lá e de falar sobre o assunto!

#9 – Ilustre sua palestra: para tornar sua palestra mais interessante, ilustre-a com exemplos que você tenha vivenciado, com informações de seu trabalho, com estatísticas, com notícias, ou outras informações que sejam relevantes e que tenham a ver com o tema da palestra. Você pode, também, usar um recurso muito legal, que costuma agradar ao público, que é o de dramatizar uma situação com a reprodução de um diálogo (ainda que você mesmo faça todas as vozes). Ao enriquecer a sua apresentação com ilustrações (sem exageros), ela será mais interessante e mais bem lembrada pelo público.

#10 - Exprima-se com clareza: fale de modo a ser entendido. Cuidado com vícios de linguagem, como: "né?", "tá certo?", "ok?", entre outros, pois tiram a elegância da sua fala e começam a incomodar algumas pessoas. Fale de forma objetiva, e numa linguagem adequada ao seu público. Evite palavras que possam ser desconhecidas do público. Uma coisa é falar para um grupo de estudantes de faculdade, com idade média de 18 anos, outra é falar para um grupo de executivos com idade média de 40 anos.

#11 – Mostre objetos da forma correta: se for mostrar algum objeto, coloque-o alto, na altura de sua cabeça, para que todos possam vê-lo; porém, esconda-o logo em seguida, para que todos voltem a prestar atenção em você.

#12 – Responda perguntas - Se for perguntado, repita a pergunta em voz alta para todos ouvirem e responda mudando a direção do olhar (não responda olhando para quem o perguntou – isso é para atrair atenção de todos). Outro detalhe importante, é comum informar o público sobre perguntas, há situações em que o palestrante pede que as perguntas sejam feitas ao final, outras em que o palestrante pede que, a qualquer momento, quando houver dúvidas, a pessoa levante a mão e aguarde a deixa do palestrante para que a pergunta seja feita. Eu, particularmente, não gosto de palestras em que as perguntas são feitas somente ao final, por isso, procuro avisar que, quando houver dúvidas, sinalizem; pois assim, a dúvida é esclarecida na hora, e a dúvida de um, pode ser a dúvida de vários. E, na medida em que a dúvida é esclarecida, as atenções se concentram novamente no tema, ao contrário, quando a dúvida permanece, a pessoa começa a perder interesse.

#13 – Faça o público participar da palestra: Para envolver a plateia, você pode mencionar fatos e incidentes que envolvam pessoas da plateia. Claro, sempre que isso for positivo! Não seja indiscreto, nunca; a ideia é apenas aproximar o público de você. Outra técnica certeira é fazer perguntas ao público em geral, ou, melhor ainda, a pessoas específicas da plateia; isso faz com que todos voltem a sua atenção ao assunto falado. Eu gosto bastante de utilizar essa técnica. Se eu, por exemplo, estiver dando uma palestra a uma turma de faculdade, e houver grupinhos de conversa, eu me aproximo do grupo, e faço uma pergunta direta sobre o assunto a alguém desse grupo. Em geral, como que, por encanto, a conversa desaparece, pois todos ficam pensando: "posso ser eu o próximo", e a atenção é novamente dada ao tema apresentado. Essa é uma boa maneira de indiretamente, chamar a atenção sobre conversas paralelas, seja numa aula, numa apresentação, numa reunião, etc.

#14 – Jamais demonstre arrogância: Quer tornar a sua palestra um fracasso, ou desanimar o seu público? Fácil: demonstre arrogância, mostre-se superior aos demais. No entanto, se você quer cativar o público, seja modesto! Por mais que você seja um especialista, uma autoridade no assunto, não é você que deve dizê-lo. As pessoas percebem seu conhecimento e sua experiência pela forma com que você o transmite; e o respeitarão por isso. Nada mais agradável a uma plateia do que ver um mestre em determinado assunto mostrar-se humano e modesto, igualando-se ao seu público.

#15 – Seja você mesmo: não há como transmitir verdade e ser convincente, se você não parecer autêntico. Você pode, é claro, admirar grandes oradores e se desenvolver assistindo suas palestras. O que não pode, é querer parecer quem você não é. Por exemplo, contar uma piada pode ser um bom recurso para fazer o público rir, e fazer o público rir é sempre muito bom; porém, se você não sabe contar piadas, não deve fazê-lo, muito menos no início de uma palestra, o resultado poderá ser infeliz. Não procure imitar os outros, o público deve sentir que aquilo que você está falando vem de seu coração e de sua mente!

Portanto, encare falar em público como uma grande oportunidade de exposição, e prática. Não seja tão exigente com você mesmo. Entenda que pequenos erros, gaguejos, engasgos podem ocorrer e é natural. Aproveite para construir uma imagem positiva com as oportunidades de se apresentar em público, e dedique-se a elas. Você será muito admirado por isso!

HÁBITO 33 - Fale em público!
RESUMO

Aproveite toda a oportunidade para falar em público, mas prepare-se para isso.
Lembre-se de que o medo de falar em público é um dos maiores medos do ser humano.
Tenha em mente que falar em público é uma grande oportunidade de exposição positiva.
Quando falar em público, atente para estes pontos: 　　　#1 – Prepare-se, mas, não decore 　　　#2 - Fale somente sobre o que você domina 　　　#3 – Não atrase, nunca 　　　#4 – Nunca inicie uma palestra com muletas verbais 　　　#5 – Aja com confiança 　　　#6 - Mantenha uma boa postura 　　　#7 – Olhe para todos os lados 　　　#8 – Cuide da voz 　　　#9 – Ilustre sua palestra 　　　#10 - Exprima-se com clareza 　　　#11 – Mostre objetos da forma correta 　　　#12 – Responda perguntas 　　　#13 – Faça o público participar da palestra 　　　#14 – Jamais demonstre arrogância 　　　#15 – Seja você mesmo

34. Contorne os erros. Tenha foco na busca de soluções!

HÁBITO 34: CONTORNE OS ERROS. TENHA FOCO NA BUSCA DE SOLUÇÕES.

Quando alguém de sua equipe errar, e pode acreditar que isto vai acontecer muitas vezes, evite dizer:
- *Que mancada, hein!*
Ou:
- *Nunca mais faça isto!*
Afinal, destruir a autoestima da pessoa não é objetivo.

Prefira dizer:
- *Não podemos permitir que isso aconteça de novo! Ou:*
- *Temos que encontrar um meio de garantir que isso não aconteça novamente. Trabalhe em um plano de ação.*

Utilize também a técnica do *feedback* (veremos em detalhes no capítulo seguinte) e comece mencionando um ponto positivo do membro de sua equipe, antes de falar de seu erro. E diga sempre em tom positivo:
- *Você tem um ponto onde pode melhorar!*

Mostre que você continua confiando na pessoa (quando você não confiar mais, não deve mantê-la no grupo). O importante quando o erro aparecer é buscar de imediato soluções para contorná-lo e corrigi-lo. Não perca tempo com sermões, se for o caso, tenha uma conversa em separado com a pessoa (depois de solucionado o problema) para motivá-la a fazer certo.

O grande objetivo deve ser sempre discutir as soluções, e não os problemas. As pessoas devem fazer parte das soluções, e não dos problemas. E é muito importante que sua equipe tenha isso muito claro, para proporcionar um ambiente de trabalho propício à melhoria contínua e ao enfrentamento pró-ativo dos problemas.

Já trabalhei gerenciando uma área de Logística em uma multinacional e, em algumas situações, ocorria falta de peça na linha de montagem, por erro de planejamento de materiais, erro de estoque, programação e outros. Quando isso acontecia, a equipe estava imbuída na busca de soluções, antes de qualquer coisa. Depois de resolvidas as faltas, tratávamos de discutir as ações corretivas, aquelas que poderiam evitar que a situação se repetisse. Portanto, muito importante para contornar os erros, e buscar as soluções quando eles ocorrerem, é criar um ambiente propício e saudável, em que haja espaço para a discussão dos erros e suas soluções.

Esse ambiente voltado à busca de soluções é criado pela liderança, que é fundamental nesse contexto de melhoria, pois estamos falando em instituir uma cultura. E para bem implantarmos uma cultura em uma Organização precisamos atender a dois pressupostos básicos:
- Lideranças comprometidas
- Treinamento dos envolvidos

Lideranças não apenas comprometidas, mas também preparadas para desenvolver seu time e a si mesmas. Os treinamentos visam dar condições ao time de bem conduzir os processos, analisar erros, e ampliar os horizontes. Assim formamos uma cultura focada em resolver problemas e encontrar soluções, visando melhorar os resultados.

HÁBITO 34 - Contorne os erros. Tenha foco na busca de soluções!

RESUMO

Tenha foco na busca de soluções, e não nos problemas.

Crie um ambiente saudável e propício, onde haja espaço para discutir os erros.

Um ambiente de cultura focada em encontrar solução é formado com lideranças comprometidas e treinamento.

35. Saiba como chamar a atenção dos outros, quando errarem!

HÁBITO 35: SAIBA COMO CHAMAR A ATENÇÃO DOS OUTROS, QUANDO ERRAREM.

Quando tiver que chamar a atenção de algum membro da sua equipe, em relação a algum erro, não o faça em público, pois é humilhante e destrói a autoestima de seu funcionário.

Muito eficiente é chamar a atenção de forma indireta. Por exemplo, se um cronograma está demorando a ser feito, diga que você mesmo vai fazê-lo. Deixe-o pensar/perguntar por que é que você vai fazê-lo? Se um balcão está sujo ou desarrumado, pegue um pano e limpe-o você, organize-o você mesmo. É claro que este tipo de procedimento é corretivo e educativo, não é suposto que você tenha que, repetidamente, executar atividades às quais você tem pessoas na equipe que deveriam fazê-lo.

Se houver recorrência, ou quando for necessário, tenha uma conversa direta, de preferência logo após o evento gerador do fato, dizendo que uma das atividades de sua responsabilidade não está sendo executada como deveria. Relate o histórico do que tem ocorrido, e peça o empenho da pessoa. Deixe a pessoa falar e se explicar. Se ainda assim a pessoa não se corrigir, e você quiser dar mais uma chance, chame-a novamente numa sala e diga que a função exige que tais e tais atividades devem ser executadas, e da maneira tal e, se ela não conseguir fazer, infelizmente, você terá que buscar uma outra pessoa que a faça.

A técnica do *feedback*, ou seja, informar ao colaborador o que precisar ser mudado, melhorado, ou corrigido, é bastante útil. Consiste, basicamente, no seguinte: num local adequado, inicie a conversa apontando um ponto positivo, que você considera muito importante, e que o colaborador tem se saído muito bem, contribuindo de maneira efetiva para o resultado do trabalho. Em seguida, fale da situação que você precisa de mudança de atitude ou resultado, dê exemplos. Seja claro dizendo o que você precisa que seja mudado, o que você precisa que seja melhorado, e enfatize a importância disso. Termine a conversa perguntando se o colaborador entendeu o seu pedido e a importância dele. Quanto mais você utilizar essa técnica, mais natural e facilmente você conseguirá aplicá-la, e melhores serão os resultados.

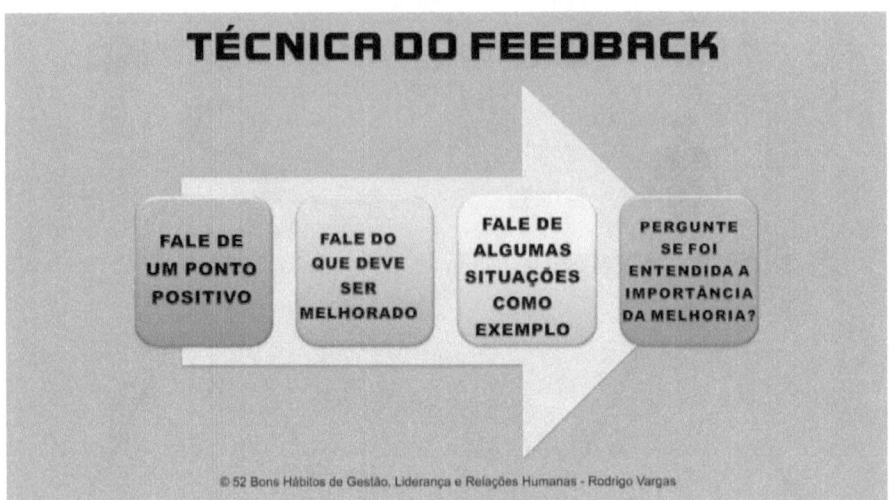

Comportamentos equivocados, erros em processos, falta de qualidade, são alguns dos pontos que devem ser corrigidos, no entanto, ao seguir essas técnicas, você perceberá uma eficácia maior na condução e busca pelas correções dos erros.

HÁBITO 35 - Saiba como chamar a atenção dos outros, quando errarem!
RESUMO
Evite chamar a atenção de um membro da equipe em público.
Experimente chamar a atenção de forma indireta, executando você mesmo a tarefa da forma adequada, ou sendo exemplo do comportamento desejado.
Chame a atenção diretamente, de preferência, após o fato gerador.
Experimente a técnica do *feedback*.

36. Entenda plenamente toda a pergunta que lhe for feita e pense antes de respondê-la!

HÁBITO 36: ENTENDA PLENAMENTE TODA PERGUNTA QUE LHE FOR FEITA, E PENSE ANTES DE RESPONDÊ-LA.

Decidi colocar um capítulo especialmente para abordar a questão sobre o correto entendimento de perguntas e o adequado tempo para respondê-las devido a ser, na prática, um hábito bastante importante a desenvolver. Isso é especialmente importante em reuniões, apresentações, ou qualquer situação em que haja várias pessoas.

Eu passei por várias situações em que tive a nítida impressão de responder sem sequer ter entendido plenamente a pergunta, ou ainda ter respondido sem ter pensado da melhor forma. Baseado nisso, e para evitar mal-entendidos, passei a exercitar o hábito de **repetir a pergunta** mentalmente ou até, oralmente. **Respirar e pensar antes de responder**. Isto poderá ajudar você também a responder bem uma pergunta, evitando equívocos e proporcionando clareza na resposta.

Para não passar uma imagem negativa, de indecisão, evite respostas como:
-*Imagino que...;* ou,
-*Acho que...*

Prefira dizer:
- *Acredito que...*, ou
– *Tenho certeza de que...*, ou

– *Tenho informações que...*

Ou ainda:
-*Isto deve ser assim pelo procedimento tal...;* ou
-*Já está sendo verificado, mas eu ainda não tenho o resultado.*

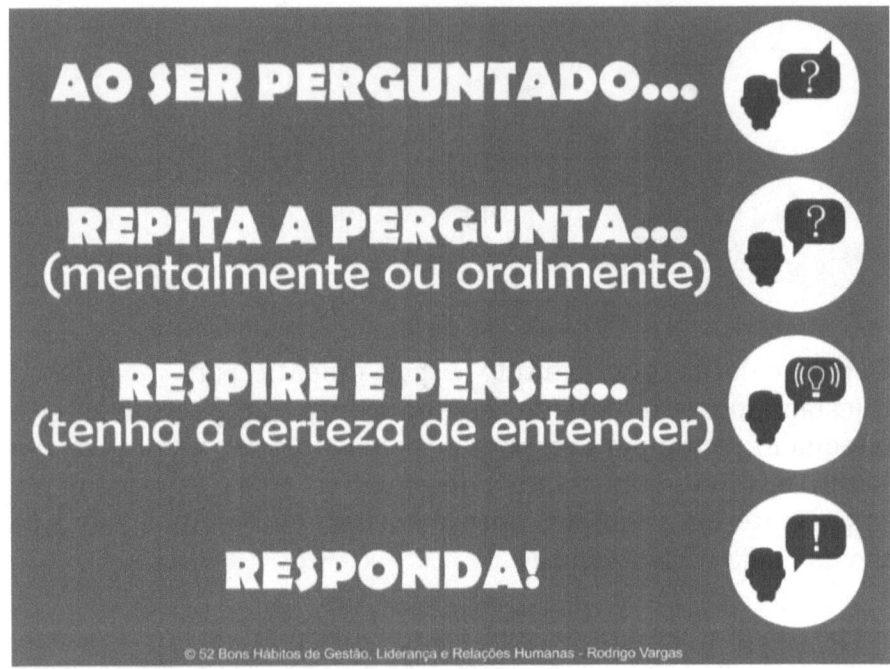

Aqui, como no capítulo 7 – "Exponha uma opinião contrária sempre com uma evidência em primeiro lugar", ou no capítulo 31 – "Livre-se das perguntas embaraçosas", você pode usar a técnica de repetir a pergunta da outra pessoa, dizendo: "*você está me perguntando...*" ou "*se eu entendi bem, você está perguntando...*". Sim, essa é uma técnica simples, e que pode servir para vários propósitos, seja expor uma opinião contrária, seja lidar com perguntas embaraçosas, ou, ainda, como no caso de agora, compreender toda pergunta antes de respondê-la. Veja a importância disso quando você é um gestor, e faz várias reuniões diárias. Pode acontecer de você esquecer coisas que tenha dito, mas os outros, não. Portanto, quando você, como gestor, comete equívocos na sua comunicação, eles sempre ecoam. É aí que essa técnica ganha peso, o simples fato de repetir uma pergunta, principalmente no caso de você estar em frente a um certo público (em reuniões, ou em apresentações), permite-lhe entender e refletir melhor sobre a pergunta, induzindo a uma resposta mais assertiva. É comum a pessoas que não estão acostumadas a falar a um grupo de pessoas, ter uma dificuldade maior para processar ou concatenar os pensamentos, por isso, repetir a pergunta recruta a atenção de seu cérebro na sua análise. É claro que, tudo isso ganha maior relevância, quanto menos acostumado você esteja a falar em público, ou a tomar decisões dentro do escopo da gestão.

A colocação certa e precisa de um pensamento é vital para obtenção do resultado esperado. Isto pode representar um comprometimento de sua parte, ou da outra. Uma resposta mal dada pode colocar tudo a perder, pode comprometê-lo com algo em que você não queria se envolver, pode gerar confusão de informações, ou ainda, não espelhar da melhor forma um trabalho desenvolvido por você ou sua equipe. Em último caso, para evitar mal-entendidos, caso você não esteja preparado para responder, ou entender que ainda não tem informações suficientes, diga que precisa tempo para responder à pergunta, a fim de ser mais preciso.

HÁBITO 36 - Entenda plenamente toda a pergunta que lhe for feita e pense antes de respondê-la!
RESUMO
Em apresentações ou reuniões, principalmente, tenha certeza de entender plenamente toda pergunta e pensar antes de respondê-la.
Repita a pergunta mentalmente ou em voz alta antes de responder.
Use a expressão: *se eu entendi bem, você está me perguntando...*
Evite expressões como: *acho que... imagino que...*
Prefira dizer: *tenho certeza de que... tenho informações que...acredito que...*

37. Crie uma perspectiva positiva do futuro!

HÁBITO 37: CRIE UMA PERSPECTIVA POSITIVA DO FUTURO.

Seja um polo difusor do pensamento positivo. Acredite sempre que acontecerá o melhor. Isto não quer dizer que você não deva pensar em planos contingenciais para quando algo não der certo. Você deve, é claro, ser prudente e precavido, mas sempre olhando para frente, acreditando num futuro melhor e de sucesso para todos. Você deve criar um ambiente de trabalho ao seu redor, onde as pessoas se sintam seguras com as suas ações. Isto, sim, transmite confiança. Lembre-se que todo líder é reconhecido por dar o passo à frente, por antever necessidades, por acreditar num futuro melhor, e por arriscar-se também.

Trabalhei numa empresa onde havia um supervisor que era tão negativo, tão pessimista, que transmitia isso para sua equipe. Parecia que todos tinham o vírus da negatividade. Portanto, se você quiser ser visto como um bom líder, deve acreditar que tudo dará certo, e que o futuro será melhor do que o agora. E mais, deve transmitir isso aos outros. É aquela velha história: você enxerga o copo pela metade meio cheio, ou meio vazio? Enquanto alguns veem algo como sendo impossível, outros o estão realizando. Mas para algo ser feito, antes de tudo é preciso acreditar! Esse é o papel do líder, criar uma perspectiva positiva de futuro, pois ninguém quer seguir um pessimista, ou derrotado!

Eu sempre refleti sobre características de times vencedores, seja nos negócios ou nos esportes, e percebi algumas que parecem comuns a todos eles; são características comportamentais, que dizem respeito ao modo de agir, e, não à toa, a primeira característica é justamente a visão positiva. Veja, a seguir, a descrição de todas elas: **visão positiva** (comportamento de quem cultiva o pensamento positivo), **respeito mútuo** (comportamento respeitoso entre liderança e liderado, e entre todos os liderados), **hierarquia** (comportamento de quem respeita os vários níveis de autoridade e responsabilidade), **disciplina** (comportamento de quem é determinado, organizado e persistente), **ética** (comportamento de quem age com moral exemplar), **dedicação** (comportamento de quem cuida do seu trabalho e zela pela Organização), **competência** (comportamento de quem busca realizar as tarefas e atividades com competência), **melhoria** (comportamento de quem busca o aperfeiçoamento constante), **resultado** (comportamento de quem foca no atingimento dos objetivos e metas estabelecidas), **comemoração** (comportamento de quem aprecia celebrar as conquistas). Esses comportamentos levam ao que eu chamo de "Círculo Virtuoso do Time Vencedor".

Claro que, sem a ferramenta certa, até mesmo apertar um parafuso torna-se uma tarefa difícil, por isso, otimismo sem burrice é fundamental. Não pense que você vai vencer uma maratona, sem treinar, porque não vai! Completá-la, simplesmente, já será um grande desafio. Mas, se você trabalhar e se preparar, acredite que terá um grande desempenho!

Pensar positivo é acreditar em melhores resultados, e, também, é acreditar que coisas boas irão acontecer ao seu redor. Acredite em inovação, trabalho e determinação, pois é assim que se cria o futuro! Seja sempre positivo e transmita isso aos que estão ao seu redor!

HÁBITO 37 - Crie uma perspectiva positiva do futuro! RESUMO
Seja positivo! Plante sementes de um futuro melhor.
A negatividade enfraquece a sua liderança e a sua equipe.
Transmita positividade aos que estão ao seu redor.

38. Alimente sua cultura geral!

Procure manter-se informado, lendo as principais notícias do dia. Hoje, com a facilidade da internet, você pode, em pouco tempo, navegar em um ou dois sites de jornalismo de sua preferência e, em poucos minutos, ficar informado das notícias mais importantes, principalmente aquelas que envolvem os temas econômicos e políticos, e ainda aquelas que dizem respeito à sua área de trabalho.

Conheça um pouco de história e geografia. Você sabe como começou a Segunda Grande Guerra? Você sabe por que os Estados Unidos conseguiram ter a base militar em Guantánamo, numa área cedida a eles pelos próprios cubanos? Procure conhecer o porquê dos fatos históricos mais importantes, busque entender a geografia dos continentes, países e suas capitais. A cultura amplia os horizontes, e torna você uma pessoa muito mais interessante.

Leia tudo que lhe cair às mãos! A leitura é, sem dúvida, um bom exercício para o cérebro, além do que, quem lê, tem mais facilidade para escrever. Leia tudo que tiver oportunidade. Se você gosta de romances, leia-os; se você gosta de livros de administração, leia-os; se você gosta de livros técnicos, leia-os; se você gosta de ler revistas, faça-o com frequência. Sem qualquer sombra de dúvida, a leitura de livros e revistas é uma forma poderosa para aumentar a cultura geral.

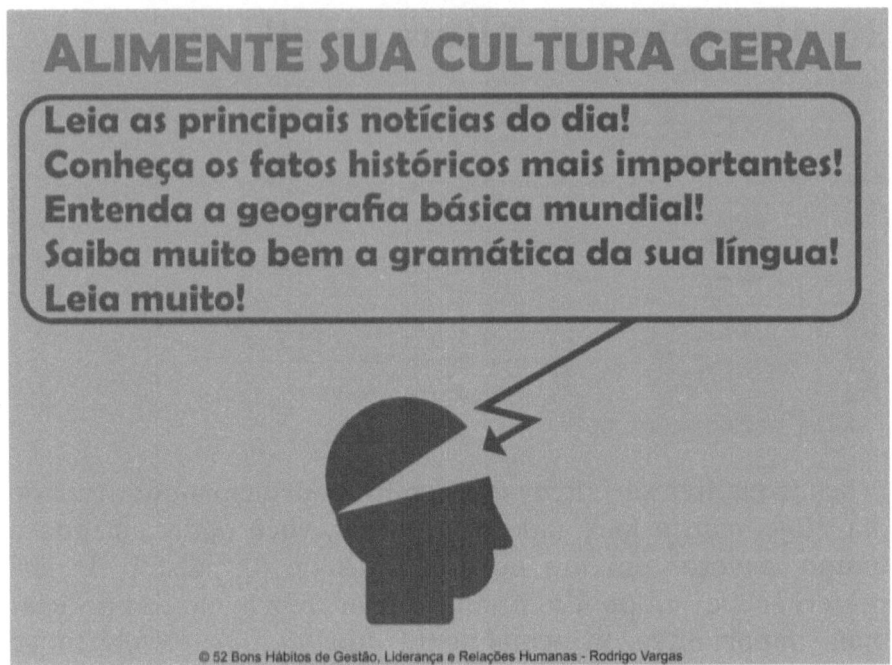

Saiba muito bem a gramática portuguesa. Erros de português são imperdoáveis numa comunicação profissional. Mantenha um dicionário sempre à sua mesa, ou em seu computador. Atenção: não há desculpa para erros gramaticais básicos! Você provavelmente já deve ter lido um texto em que seu autor desconhecia o uso da vírgula e até mesmo do ponto final, e provavelmente deve ter-se perguntado o que exatamente estava sendo dito, tamanha a dificuldade para entender o texto.

Comunicar-se bem é uma das competências principais de um líder, e isso inclui, não apenas a comunicação falada, mas também a comunicação escrita. Se o Português é sua língua materna, domine-o. Não estou dizendo que você precisa ser um Rui Barbosa para comunicar-se na sua Organização, mas você, muito provavelmente, poderá ter a oportunidade de, além de escrever e-mails, gerar relatórios, escrever procedimentos e compor apresentações; portanto, esteja preparado!

HÁBITO 38 - Alimente sua cultura geral!
RESUMO
Mantenha-se informado, lendo as principais notícias do dia.
Conheça os principais fatos históricos e a geografia geral.
Leia bastante.
Domine a sua língua materna, conhecendo bem sua gramática.

39. Fale outras línguas!

Hoje, nem dá mais para dizer que falar uma segunda língua seja um diferencial, pois o inglês é tido como essencial em inúmeras Organizações. Portanto, é quase mandatório você falar o inglês. Você se entende com a grande maioria no mundo dos negócios, apenas com o inglês. É o mais requisitado. Mas sugiro, sem dúvida alguma, além do inglês, aí sim, para criar um diferencial, alguma outra língua estrangeira. O espanhol também é muito requisitado, pois é a língua mais falada nos países da América Latina.

Além disso, existem inúmeras empresas multinacionais, no Brasil, de origem alemã, francesa e italiana. E mais, a língua chinesa hoje tem tido, devido ao espantoso crescimento da China, mais atenção do mundo dos negócios. Nessa linha também vem o japonês. Portanto, você pode ver que existem várias possibilidades para você criar verdadeiros diferenciais a seu favor, no tocante ao tema "línguas estrangeiras". Confira, a seguir, um estudo que fiz para apontar as línguas representativas das 100 maiores empresas do Brasil em 2014. Foi utilizada a lista da exame.com de "As 100 Melhores Empresas do Brasil em 2014", considerando como língua, aquela representada pela nacionalidade de seu grupo controlador, que não necessariamente será a mesma língua do país em que pode estar a matriz, ou a língua do país de onde sua tecnologia pode vir.

A escolha de uma língua para você se dedicar anos a aprender pode não ser uma tarefa simples. Pode ser que você fique na dúvida, por exemplo, entre aprender uma língua importante no mundo dos negócios, ou aquela pela qual você tem particular simpatia, ou ainda aquela que é principal na Organização onde você atua. Todas as alternativas anteriores são significativas, mas podemos considerar que seja bastante estratégico aprender a língua que se fala em sua Organização (a menos que você esteja pensando em mudar).

De todo modo, preparei mais alguns dados interessantes sobre as línguas mais importantes, para ilustrar essa nossa conversa. A seguir, veja um gráfico que mostra as 10 línguas mais faladas no mundo, considerando as pessoas que as falam como línguas nativas. Foram incluídos dados de duas fontes principais: os da Agência Central de Inteligência Norte Americana (CIA), e os do Prof. Ulrich Ammon, da Universidade de Dusseldorf (artigo publicado no The Washington Post, em 23 de abril de 2015).

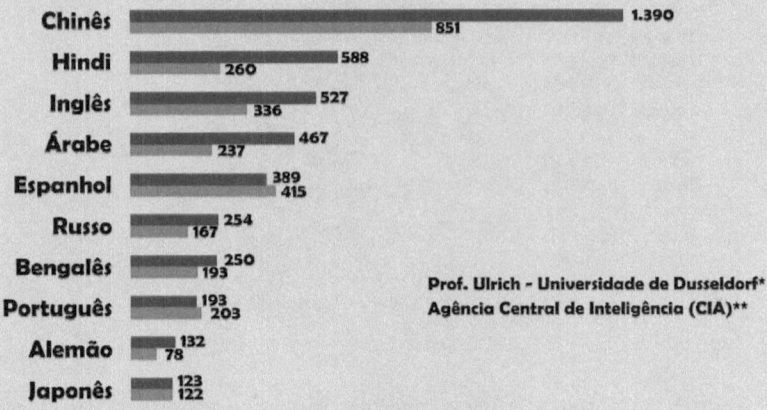

O próximo gráfico, mostra o resultado de um estudo do Prof. Ulrich Ammon sobre as línguas mais estudadas no mundo, ou seja, aquelas que pessoas que não as falam como língua-mãe procuraram aprender.

Mas, veja que não vale se matricular num curso de línguas visando mais o fato de poder colocar em seu currículo, pois, quando você é chamado para uma entrevista, alguém, pode avaliar seu conhecimento. O que eu estou propondo é realmente incluir outras línguas no uso habitual em seu dia a dia, tanto quanto possível; ou seja, pressupõe que você as utilize de verdade. Claro que, se houver uma demanda na própria empresa onde você trabalha, perfeito! Caso contrário, crie a demanda, ou seja, crie oportunidades para praticar habitualmente. Além das aulas, assista à filmes sem legenda, ou com a legenda na língua original; ouça o canal de notícias na língua que você está aprendendo; fale com o *call center* de alguma loja do país que fala a língua que você está aprendendo, e, ainda, leia livros e notícias na língua. Isso tudo, você, provavelmente, já sabe... a questão é: você faz?

Por experiência própria, posso dizer que ter oportunidades (ou criá-las) para falar a língua que você quer aprender é uma das melhores e mais eficazes maneiras para desenvolvê-la, ou seja, falar é a palavra-chave do aprendizado de uma língua. Existem, hoje, através da internet, inúmeras maneiras de você praticar, e por serem tantas e variadas, nem quero entrar a fundo nisso, pois você pode procurar aquilo que se adaptar melhor ao seu dia a dia, dentre as tantas possibilidades de aprendizado de língua estrangeira que a internet oferece, desde opões gratuitas até os custos mais variados. Por isso, quero comentar sobre uma técnica que poderá ajudá-lo, muito fácil e de custo zero: conversação autônoma. É quando você simula estar conversando com alguém; mas, ainda que pareça estranho, funciona! Tenha um dicionário em mãos, um tradutor da internet, ou um aplicativo de smartphone, para lhe dar suporte, e crie situações do cotidiano, do trabalho, e comece a falar, imaginando estar conversando com alguém. Faça-o em voz alta, se possível. À medida em que você "conversa", surgirão dúvidas (claro), é o momento em que, numa conversa real, daria o "branco" na sua memória, ou você gaguejaria; e tanto quanto possível, vá tirando as dúvidas, e retome a "conversa" de onde parou. Porém, se houver dúvidas que, porventura, tenham sobrado da sua "conversa" (seja sobre estrutura gramatical, expressões idiomáticas, etc.), anote-as para que você possa elucidá-las depois. Veja que, o ideal, obviamente, será sempre conversar com outra pessoa. Porém, se você não tiver essa oportunidade, por um motivo ou outro, experimente esse método, pois, algum ganho, você terá.

Um estudo de Albert Saiz (economista e professor no Instituto de Tecnologia de Massachusetts) e Elena Zoido (economista formada em Harvard e consultora na área), apontou uma vantagem salarial de 2% a 3% para profissionais que falam uma segunda língua. Eu, particularmente, acredito que, no Brasil, esses percentuais são ainda maiores. Se considerar o tempo médio de carreira, podemos somar valores monetários, ao longo do tempo, bastante impressionantes relacionados à capacidade de falar uma segunda língua. Mas, convenhamos, existem inúmeras e incríveis possibilidades associadas a quem fala uma segunda língua, além da questão salarial, como, por exemplo: vantagem sobre candidatos que não falam uma segunda língua, em processos de seleção; possibilidade de "escolher" melhores oportunidades, vantagem cultural; possibilidade de crescimento de carreira, especialmente, considerando as inúmeras empresas multinacionais atuando no Brasil, e muitas outras possibilidades estratégicas.

Veja essa curiosa história que aconteceu comigo. Eu estava participando de um processo de seleção para supervisor de produção de uma multinacional americana que estava vindo ao Brasil para a instalação de uma fábrica. Depois de vários testes e algumas entrevistas, fui chamado para uma entrevista final com o presidente. Estava, obviamente, entusiasmado, mas um pouco preocupado em relação à conversa que, certamente, teria que travar em inglês. Naquela época (isso foi no final dos anos 90), meu inglês era nada além de razoável, pois eu estava mais empenhado no francês, além de já ter feito uma base de alemão. Pois bem, no dia da entrevista, cheguei ao escritório que ocupavam provisoriamente, com algum tempo antes da hora marcada, com o meu melhor paletó, e aguardei ser chamado. Havia poucos funcionários que já tinham sido contratados, e um deles veio me chamar para a entrevista. O presidente era um homem de aspecto sério, mas simpático. Após um tempo de conversa em inglês, ele percebeu que meu nível não era fluente, e eu percebi alguma insatisfação, porém, inesperadamente, ele comentou sobre o fato de eu falar francês. Nessa hora, ele me contou que era francês de nascimento, e, então, começamos a conversar em francês. A conversa fluiu muito bem, e ele disse, ao final, que eu estava contratado, mas advertiu-me que aquela era uma empresa americana, portanto, que eu melhorasse meu inglês. Foi uma experiência incrível, pois, de certo modo, fui contratado numa empresa americana, porque falava francês...

Existem outras vantagens, não tão óbvias, como diz o estudo financiado pelo Conselho Indiano de Pesquisa Médica, publicado em 2015, e que concluiu que os bilíngues tiveram um melhor resultado cognitivo após o AVC (acidente vascular cerebral), em relação aos não-bilíngues. Outro estudo, publicado em 2007, pelos pesquisadores Ellen Bialystok, Fergus I.M.Craik, e Morris Freedman, concluiu que o bilinguismo mostrou ser uma proteção contra o aparecimento de sintomas de demência, atrasando em aproximadamente 4 anos o surgimento de seus sintomas. Outros tantos estudos e artigos têm demonstrado que o desenvolvimento e a eficiência das habilidades cognitivas são maiores para bilíngues, do que não-bilíngues, e não é difícil entender. Portanto, as vantagens de aprender outras línguas vão muito além da questão salarial, ou da questão estratégica, mas está associada também ao seu desenvolvimento intelectual, que não tem preço.

Isto posto, veja que a proposta aqui é tornar o aprendizado da língua estrangeira um hábito, seja lá que métodos de aprendizado você queira adotar, ou que língua queira aprender. Portanto, você deve se programar para estudar e praticar de forma frequente e consistente; e o resultado será tanto melhor quanto mais disciplinado, determinado e persistente você for!

HÁBITO 39 - Fale outras línguas!
RESUMO
Tenha um bom nível de inglês, tanto para a comunicação oral, quanto para a escrita.
Lembre-se de que a língua inglesa é a mais requisitada no mundo dos negócios.
Para criar um diferencial, aprenda outra língua estrangeira.
Seja sincero ao descrever o grau de aprendizado da língua em seu currículo.
Lembre-se de que as vantagens em aprender outras línguas vão muito além da questão salarial ou estratégica, mas estão também ligadas ao seu desenvolvimento intelectual.
Mantenha-se em constante aprendizado e aproveite toda oportunidade para praticar.

40. Busque constantemente o autodesenvolvimento!

Aperfeiçoe-se diariamente. Faça cursos de pós-graduação, extensão e aprimoramento. Mantenha-se atualizado em relação às técnicas e novidades em sua área de atuação. Negocie sempre com seu chefe e com a área de recursos humanos da Organização, contratação de cursos e, se for o caso, invista você mesmo em você.

BUSQUE CONSTANTEMENTE O AUTODESENVOLVIMENTO  **ISSO ABRE CAMINHOS**

CURSOS TÉCNICOS	Qualificação básica para o mercado de trabalho
CURSOS TECNOLÓGICOS	Qualificação de duração média
CURSOS DE GRADUAÇÃO	Qualificação de duração longa
CURSOS DE QUALIFICAÇÃO	Qualificação para uma determinada função
CURSOS DE APERFEIÇOAMENTO	Desenvolvimento de determinada competência
CURSOS DE EXTENSÃO UNIVERSITÁRIA	Atualização, qualificação, ou aperfeiçoamento
CURSOS DE PÓS-GRADUAÇÃO	Qualificação especializada em determinada área
APROFUNDAMENTO NOS PROCESSOS DE SUA ÁREA	Desenvolvimento de competências nos processos da sua área
CONHECIMENTO GERAL DOS PROCESSOS DA ORGANIZAÇÃO	Desenvolvimento de competências nos processos da Organização

© 52 Bons Hábitos de Gestão, Liderança e Relações Humanas - Rodrigo Vargas

O importante é estar sempre absorvendo informações novas, estar sempre buscando entender atividades, processos e procedimentos relacionados ao seu trabalho. Pergunte ao colega de outra área o que ele faz. Você vai ficar surpreso como ele vai se interessar em lhe contar detalhes de sua atividade. Esta é uma boa maneira de você conhecer mais sobre o mecanismo empresarial e os fluxos corporativos. Você precisa, e isto sim ainda é um diferencial, ter uma visão geral e holística da Organização e de seus processos. O que tenho visto, na maioria das vezes nas Organizações, é que as pessoas conhecem os processos relacionados às suas áreas e, muitas vezes, pela falta da visão do todo, oportunidades são perdidas, ou boas soluções podem deixar de ser aplicadas.

Evidentemente, para você poder buscar um autodesenvolvimento, é importante que tenha seus objetivos em mente, e um plano para concretizá-los. Mais ainda, você, sendo gestor, deve também buscar o desenvolvimento dos membros de sua equipe, estimulando-os e, muitas vezes, fazendo coaching (processo estruturado para desenvolvimento). Veja a figura a seguir:

COACHING E MENTORING

Coaching é um processo de desenvolvimento em que o "Coach" faz perguntas e questionamentos objetivos e importantes com a finalidade de provocar reflexão e ações que levem a pessoa ao encontro de seus objetivos.

Mentoring é um processo de desenvolvimento em que o "Mentor" compartilha a sua experiência, dando algumas respostas objetivas e importantes para impulsionar a pessoa ao encontro de seus objetivos.

© 52 Bons Hábitos de Gestão, Liderança e Relações Humanas - Rodrigo Vargas

Para facilitar, construí um infográfico em três fases, que chamei de passo 1, passo 2 e passo 3. Talvez ele possa ajudá-lo a conduzir a construção de seus objetivos para autodesenvolvimento. Esse infográfico poderá ser usado para você mesmo, mas também poderá auxiliá-lo a fazer o coaching dos membros de sua equipe.

Coaching em Gráfico

PASSO 1

Você tem objetivos claramente definidos para sua carreira e para sua vida pessoal?

→ **Sim** → Bom Começo! Vá para o Passo 2!

↓ **Não**

Então, o que está esperando?...

↓

Você realmente quer dirigir a sua vida?

→ **Sim** → Ok! É isso aí! Não que seja fácil, mas é fundamental! Pense sobre o que é realmente importante em sua vida?

↓

↓

Seja objetivo! Quais são seus pontos fortes? Do que você gosta? Em que você acredita? Quais são suas perspectivas com relação aos principais aspectos de mercado, negócios, vida pessoal,...?

↓

Agora que você tem claros os seus principais objetivos, vá para o início novamente!

↓ **Não**

Sério?! Então, eu recomendo a você um retiro espiritual, uma profunda reflexão mental, ou algum tipo de terapia antes de reiniciar! Boa sorte!

© 52 Bons Hábitos de Gestão, Liderança e Relações Humanas - Rodrigo Vargas

Coaching em Gráfico

PASSO 2

Você colocou por escrito os seus principais objetivos?

Você já selecionou os 3 ou 5 mais importantes?

Os objetivos são desafiadores, e, ao mesmo tempo, atingíveis?

Você definiu datas para sua realização?

Você definiu as ações necessárias que devem ser tomadas?

Todas as respostas acima foram "Sim"? → Sim → Jóia! Vá para o Passo 3

Não → Volte e encontre as respostas que você precisa e reinicie o processo!

© 52 Bons Hábitos de Gestão, Liderança e Relações Humanas - Rodrigo Vargas

Coaching em Gráfico

PASSO 3

Como você medirá o seu progresso?
Você está satisfeito com seus objetivos?
Onde você está, agora, em relação a suas metas?
Você está satisfeito com a forma com que
as coisas estão caminhando?
O que você pode fazer para melhorar a situação?
Você conhece alguém que poderia ajudá-lo?
Você tem alguma decisão difícil a tomar?
Quais são suas maiores preocupações?
Você se sente preparado?

Sim, esse é o passo mais difícil!
Se fosse fácil, qualquer um conseguia!
Tenha em mente a sua recompensa!
Mãos à Obra!
Revise todos os passos, se for preciso!
Mantenha o foco!
Acredite em você, e você conseguirá!

© 52 Bons Hábitos de Gestão, Liderança e Relações Humanas - Rodrigo Vargas

Espero que essas informações possam lhe ajudar a buscar constantemente o seu autodesenvolvimento, como ajudaram a mim ao longo de minha carreira. Lembre-se do que disse Leonardo da Vinci: "Aprender é a única coisa de que a mente nunca se cansa, nunca tem medo e nunca se arrepende."

HÁBITO 40 - Busque constantemente o autodesenvolvimento!
RESUMO
Busque constantemente seu aperfeiçoamento profissional.
Faça cursos de extensão, pós-graduação ou qualificação.
Conheça e aprenda sobre os processos de outras áreas.

41. Motive sua equipe!

Seja como um técnico de uma equipe esportiva, capacite os outros a agir. Veja-se como o treinador de uma equipe de futebol. Não é ele que vai ao ataque, mas é ele que mostra o caminho, não é ele que marca o gol, mas é ele que motiva e prepara a equipe a fazê-lo. Portanto, mantenha sua equipe sempre motivada!

Os pilares da motivação são, basicamente, dois, os intrínsecos (mais relacionados com o próprio liderado), e os extrínsecos (mais relacionados com a liderança).

Vejamos, a seguir, como funciona esse intrincado e, aparentemente, misterioso processo da motivação no trabalho.

Fatores Motivacionais:
   1. **Fatores Motivacionais Intrínsecos**
      - **Recompensa**: é importante que haja recompensa efetiva pelo trabalho realizado e pelos resultados atingidos. Não necessariamente pecuniária, mas que seja algo que o liderado recebe em troca de seus resultados. Um salário justo, obviamente, muitas vezes, já pode ser suficiente! Existe, hoje em dia, em grande parte das grandes Organizações, a PLR (participação nos lucros e resultados) que também é um tipo de recompensa financeira objetiva. Mas o líder pode

estabelecer outros tipos de recompensa, como um dia de folga, um valor adicional no vale-mercado, ou até mesmo uma promoção. Quanto mais mecânica é a atividade que a pessoa executa (e menos fatores cognitivos são envolvidos) mais a questão da recompensa estará presente na motivação, e menos a realização contará pontos (ver próximo item). Claro que a recompensa é aplicada pelo gestor, mas eu considero um fator intrínseco (mais voltado ao liderado) pelo fato de que, no final das contas, é o liderado que perceberá isso como algo motivador, ou não. Algumas pessoas motivam-se mais por um dia de folga, outras não; algumas pessoas motivam-se mais por dinheiro, outras não; algumas pessoas motivam-se mais por promoções, outras não.

- **Realização**: aquilo que realiza profissionalmente a algumas pessoas, pode ser tortura para outras. A verdade é que todas as pessoas querem ter sucesso, a questão é que o sucesso é relativo, e os ideais de cada um são muito próprios e, às vezes, até desconhecidos pela própria pessoa. O poder realizar-se profissionalmente é um fator essencial na motivação, e envolve ter um certo nível de autonomia, gostar do que se está fazendo, e ter um propósito motivador (por ser nobre, desafiador ou pessoal).

- **Ambiente de trabalho**: todos temos um padrão de ambiente de trabalho que consideramos bom, e presume-se, esteja ligado a colegas de trabalho de bom caráter, patrões honestos, ambiente fisicamente limpo, organizado e seguro, porém, mais uma vez aqui, temos uma questão idiossincrática, ou seja, não obstante haja questões que parecem influenciar a grande maioria das pessoas no quesito ambiente de trabalho, no final das contas, o resultado final de satisfação sobre o ambiente de trabalho acaba sendo intuitivo e muito individual.

2. **Fatores Motivacionais Extrínsecos**
   - **Confiança mútua**: o liderado precisa sentir que o seu líder confia nele, e ao mesmo tempo, e igualmente importante, o liderado precisa sentir confiança no próprio líder. Ou seja, precisa haver uma relação de confiança mútua entre os dois.
   - **Apoio**: o líder precisa apoiar o trabalho de seu liderado, energizando seu ânimo e mostrando que, como líder, acredita na capacidade do liderado, fazendo-lhe ver que, não obstante a responsabilidade e tarefas de cada um, os dois estão juntos na empreitada.
   - **Reconhecimento**: é fundamental que o líder reconheça sinceramente o empenho, a dedicação e os resultados atingidos pelo liderado.

Conhecendo os fatores motivacionais, vamos ver, a seguir, algumas ferramentas das quais podemos lançar mão, e que podem nos ajudar a fortalecer os fatores motivacionais.

Ferramentas Práticas Motivacionais:
- **Novas Responsabilidades**: Não raro, me deparei com situações em que as pessoas tinham que perguntar às suas chefias "o que fazer?" em situações que nem fugiam do cotidiano. Estas eram, com certeza, equipes desmotivadas, com chefes centralizadores e com medo de perder o poder. Delegar poder pode ser uma forma de, além de otimizar o trabalho, motivar a equipe. Eu mesmo já obtive bons resultados com isso. **Pessoas desmotivadas mudaram o comportamento quando lhes foi dada mais responsabilidade. Isto demonstra confiança e proporciona satisfação.** Faz com que a pessoa melhore seu trabalho para retribuir a confiança depositada nela. E já vimos que a confiança mútua é fator chave na motivação pelo trabalho. Mas, na hora de dar mais responsabilidade tenha o cuidado de analisar bem o que vai delegar, e a quem vai delegar, para que haja harmonia entre suas competências e as necessidades do trabalho. Na minha experiência, em geral, dar mais responsabilidade funciona muito bem como fator motivacional. Leia mais no capítulo "Delegue autoridade".
- **Novos Desafios/Objetivos**: Outra excelente ferramenta para motivar alguém no trabalho é a **definição de novas metas e objetivos** a serem atingidos, pois isso reforça a questão da **confiança mútua**, **apoio** e proporciona campo para **realização profissional**. Os objetivos, é claro, devem estar alinhados com as necessidades do departamento e da Organização. E você pode, também, e com todo jeito, lançar desafios pessoais a cada um dos membros da equipe, além dos desafios coletivos.
- **Treinamento**: Lembre-se de que motivação nos remete a: "ter motivos para ação". O treinamento, ou, desenvolvimento de competências, é uma ferramenta muito poderosa, pois, além do aspecto motivacional

inegável, proporciona aumento de competências, o que pode levar a maior produtividade e qualidade no trabalho, e melhora, inclusive, o clima Organizacional. Claro que sabemos que treinamento, em geral, exige algum investimento, mas também, vários estudos já mostraram que o treinamento traz retorno financeiro, ao longo do tempo. **O treinamento, sem dúvida, é um excelente fator motivador no trabalho.**

- **Elogio**: Já vimos, no capítulo "Faça, pelo menos, um elogio por dia", o poder do elogio. Aqui, como ferramenta motivacional, é mais um recurso extremamente útil e fácil de utilizar. Não economize elogios, mas seja honesto e sincero (isso é fundamental).
- **Comemoração**: Celebrar o resultado! Comemorar as conquistas! Um time que não comemore um gol, provavelmente não terá motivação para marcar mais um. Uma equipe que não vibra com um ponto, poderá enfrentar mais dificuldades para marcar o próximo. Às vezes, nas Organizações, cortar um bolo, bater palmas, almoçar fora, pode ser um bom momento para comemorar. Isso é tarefa do líder, entusiasma o time e motiva os liderados!
- **Recompensa**: Recompense o bom trabalho com um salário justo, bônus, benefícios, folgas, etc. Procure entender, para obter ainda melhores resultados, o que é mais relevante e importante na perspectiva do liderado; e, obviamente, seja justo considerando a perspectiva de todo o time.

Agora, uma coisa muito importante: mesmo os bons perderão a motivação se virem trabalho negligente ou não produtivo sendo tolerado dentro da equipe. Portanto, cuidado com isso! Não tolere o trabalho malfeito dentro da equipe, não tolere o baixo desempenho dentro da equipe. Isso quer dizer que, quando um liderado faz um trabalho abaixo da expectativa, você, como gestor, deve entender o porquê, analisar a situação e dar um feedback para que o liderado busque melhoria (seja mudança de comportamento, seja treinamento, enfim, seja lá o que for cabível).

Sendo assim, agora que você conhece os fatores motivacionais, trabalhe de modo a cultivar positivamente todos esses fatores, e, utilize, de modo prático, as ferramentas motivacionais disponíveis. Ao aplicar esses conhecimentos no dia a dia, e de modo adequado, você, certamente, perceberá uma incrível diferença no ambiente, na qualidade e na produtividade do trabalho.

HÁBITO 41 - Motive sua equipe!
RESUMO
Motive sua equipe! Atente aos fatores intrínsecos (recompensa, realização e ambiente de trabalho), e aos extrínsecos (confiança mútua, apoio e reconhecimento).
Dê responsabilidade e autoridade a cada membro da equipe.
Dê objetivos e desafios a cada membro da equipe.
Elogie honesta e sinceramente; e comemore as conquistas do time.
Lembre-se de que treinamento é um fantástico fator motivacional.
Não tolere trabalho não produtivo ou negligente na equipe, pois isso gera desmotivação.

42. Apoie sua equipe!

Este é um item fundamental para levar a equipe e atingir os resultados esperados. Imagine um time de futebol em que alguns jogadores não têm apoio do técnico. Muito provavelmente vai perder de goleada. É comum ouvirmos em comentários esportivos que crises e problemas extracampo impactam nos resultados do time.

Os membros de sua equipe têm que se sentir apoiados por você. Isto não quer dizer que você será um paizão, um superprotetor; não, não é isso. Estou me referindo a um apoio saudável, em que todos se sintam parte do time, cada um com sua responsabilidade e respondendo pelos seus atos, mas sabendo que você está junto, acompanhando e orientando o time.

Costumava dizer para minha equipe que, quando alguém da equipe erra, perante a Organização, sou eu quem erra. Mas a mim, me cabe depois, julgar o erro da pessoa, e cobrar as devidas ações. Evidentemente que, sucessivos erros podem denotar uma falta de competência para a função, aí as ações podem levar a uma mudança de função, de área, ou um desligamento. Aliás, essa é a grande diferença entre o "paizão" e o líder. O líder não vai permitir baixo desempenho se perpetuar na equipe.

Apoiar, aqui, tem o sentido de dar força, acreditar no potencial dos profissionais, dar ferramentas adequadas para exercerem seu trabalho. Isto significa verificar a infraestrutura de trabalho que eles têm, e suas necessidades. E, conforme dissemos, quando alguém cometer um erro, peça-lhe para que tome providências para que isso não ocorra novamente, peça-lhe que lhe mostre qual será a ação corretiva para evitar recorrência; mas não lhes tire a autoridade. Entenda que erros acontecem.

Eu tinha um chefe que dizia sempre: "Só não erra, quem não faz." Portanto, a sua preocupação maior deve ser de acompanhar a atitude da pessoa perante o erro. O bom colaborador fica mais preocupado que você, quando o erro acontece e, sem você pedir, vai lhe trazer o plano de ação corretiva e contenção necessária.

O importante, também, é ter um ambiente onde não haja medo de errar. Sempre disse que, quando você tem "medo" de errar, provavelmente, vai errar. As chances são bem maiores. As pessoas devem ter a consciência de que não devem errar, mas que, havendo o erro, o importante é trabalhar para não o repetir. Não deve haver um ambiente de punição. Isso faz com que se "esconda" o erro.

Lembro de meu trabalho em uma linha de montagem, e a minha preocupação quanto aos possíveis erros de montagem. O que fiz? Chamei todos e disse que, quando alguém errasse, ou suspeitasse que pudesse ter feito algo errado, que chamasse o líder da linha para que este encaminhasse o produto para a área de retrabalho. No início, as pessoas ficavam um pouco ressabiadas, mas aos poucos foram aparecendo os relatos. Os produtos eram reparados. Começaram a surgir algumas piadinhas com aqueles que erravam e relatavam o erro, do tipo gozação. Aí eu comecei a utilizar as reuniões diárias que eu conduzia naquela época, para dizer dos erros e dos relatos, e que eu queria comigo, trabalhando na equipe, gente assim, que tinha a coragem de reconhecer um erro, e agir em busca de corrigi-lo. Não preciso dizer que nunca mais ouvi gozação com ninguém sobre os erros que aconteciam. Isso, caro leitor, é apoiar a equipe, sem deixar de cobrar resultado.
Esteja ao lado de sua equipe, que eles estarão ao seu lado!

HÁBITO 42 - Apoie sua equipe!
RESUMO

Seja como um técnico de futebol, apoie a equipe, faça com que todos se sintam parte do time, mas cobre resultados.

Dê força, aceite os erros, mas peça empenho e aprendizado para não os repetir. Não permita que o baixo desempenho se perpetue na equipe.

43. Cumprimente com voz firme!

Ao cumprimentar alguém, mesmo sendo um simples:
-Bom dia!
Ou:
-Tudo bem!
Fale com voz firme e em tom positivo. Não há nada pior que um cumprimento chocho. Ao contrário, um cumprimento com energia transmite confiança e positivismo.

Isto vale também para quando você atender ao telefone. Responda a uma ligação interna com seu nome, a ligação externa pode ser respondida com o nome da empresa seguida de seu nome. Veja qual é a recomendação de sua empresa e procure segui-la.

De todo modo, tenha em mente que se você falar "sem vontade", de modo inseguro, ou num tom enfraquecido, as pessoas vão notar, e podem até lhe perguntar:
- E aí, o que aconteceu que você está com essa voz?
Mesmo que não lhe perguntem, irá transparecer e as pessoas vão perceber. Esta é uma atitude de derrotados. Os vencedores mantêm sempre uma atitude positiva, seja quando as coisas vão bem, seja quando não. Esta é a diferença entre os ganhadores e os perdedores. Portanto, aja como se as coisas estivessem bem, e você vai se sentir melhor, como se realmente as coisas estivessem bem

Um dos mais famosos estudos na área da comunicação não verbal foi o do Professor de psicologia Albert Mehrabian. Ainda que o estudo tenha algumas limitações, como o fato de ter sido focado em comunicação de emoções, suas conclusões são bastante interessantes, apontando a incrível importância da comunicação não verbal.

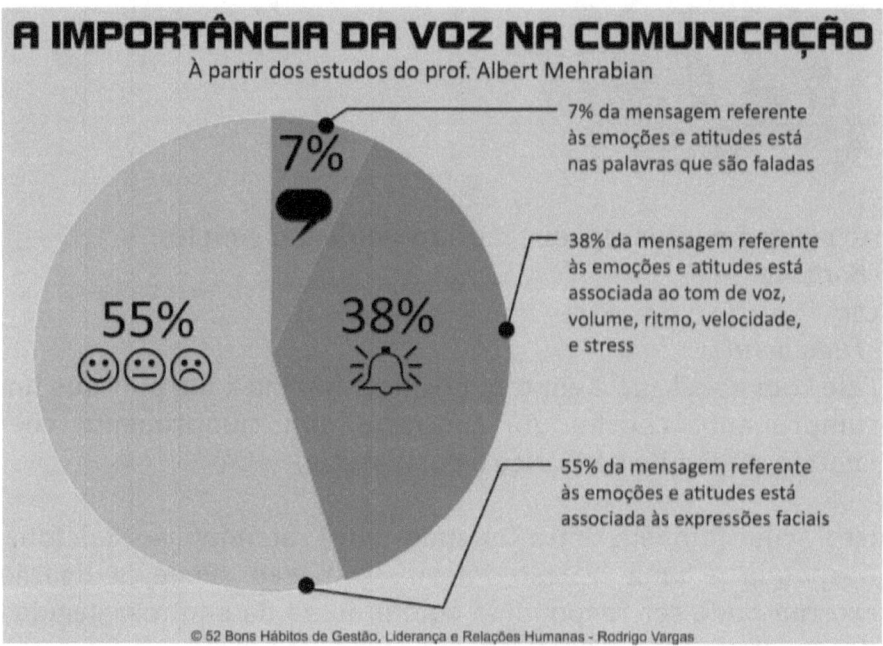

Numa pesquisa de 2015 da Confederação Britânica da Indústria (CBI)/Pearson, os empregadores Britânicos responderam que o fator mais importante no recrutamento de recém-formados é **atitude** (positividade, resiliência, disposição). A atitude positiva, como tudo na vida, começa em algum ponto. Propomos aqui o hábito de cumprimentar as pessoas com voz firme como uma forma de criar uma atitude positiva. Seja um simples "Bom dia", um "Olá, como vai?", ou um "Prazer em conhecê-lo!", cumprimente sempre com voz firme e atitude positiva, e isso poderá fazer de você uma pessoa mais determinada e admirada.

HÁBITO 43 - Cumprimente com voz firme!
RESUMO
Fale com voz firme e em tom positivo.
A desmotivação aparece no tom de voz.
Aja com determinação e energia, e será uma pessoa determinada.

44. Respeite as normas internas da empresa!

Para poder respeitar as normas, primeiro você deve conhecê-las bem. Num processo de integração na Organização, normalmente você recebe um pacote de normas. Se você já está trabalhando e tem dúvidas, procure o departamento de recursos humanos e saiba exatamente o que pode e o que não pode fazer dentro da Organização. É terrível para seu prestígio derrapar num caso de desrespeito a um regulamento interno.

As regras, regulamentos internos e políticas variam de lugar para lugar. Já trabalhei numa Organização em que você podia levar a fruta de sobremesa do almoço para sua área de trabalho, e comê-la no meio da tarde. Desavisadamente, ao proceder desta forma numa outra Organização, fui alertado por um colega, quase num tom de confidência, que não era permitido sair com alimentos do refeitório, pois, antigamente, explicava o colega, muita gente esquecia esses alimentos, frutas, etc., em seus armários e gavetas, e começava a cheirar mal, incomodando outros colegas. Portanto, era proibido, dizia ele, fazer o que eu estava fazendo.

Então, o que vale em uma Organização, não necessariamente vale na outra.

HÁBITO 44 - Respeite as normas internas da empresa!
RESUMO

Conheça as regras e regulamentos internos da Organização.

Tenha atenção para seguir essas normas internas.

45. Vista-se com elegância!

Não interessa qual é o seu cargo, nem qual a posição que ocupa, elegância é importante para alçar novos patamares e novas conquistas. Tenha em mente que você pode manter o seu estilo, desde que atento à cultura Organizacional, ciente de que o ambiente corporativo, em geral, demanda um padrão discreto e formal. Como exemplo, veja esta história que aconteceu anos atrás numa indústria; foi uma situação com uma colaboradora da minha equipe. Ela era, sem dúvida, uma pessoa com bom desempenho e potencial, além de ser jovem e bonita. Certo dia, a gerente de recursos humanos veio até mim preocupada e pediu que eu conversasse com essa colaboradora, para que ela evitasse usar roupas mais provocantes e blusas curtas, que deixavam aparecer parte da barriga. Atente ao fato de que, mesmo sendo também mulher, essa gerente de RH não quis, ela mesma, conversar com a colaboradora. Em resumo, a colaboradora e eu tivemos uma conversa onde procurei explicar que aquele ambiente industrial demandava um pouco mais de discrição no vestir. A colaboradora foi receptiva, pareceu entender, e nunca mais tivemos que voltar a esse assunto. Perceba como o modo de você se vestir pode influenciar e afetar o ambiente ao redor.

A forma como nos apresentamos diz muito sobre nós, afeta não apenas o que os outros pensam de nós, mas também o que nós pensamos de nós mesmos. O jornal The Washington Post publicou um artigo intitulado (em tradução livre) "O que você veste pode afetar quão bem você desempenha", baseado no estudo de 2012 dos pesquisadores Adam Galinsky e Hajo Adam, da Universidade de Northwestern (Kellogg School of Management). Os pesquisadores aplicaram testes de atenção a grupos de pessoas usando guarda-pó. O estudo avaliou que o grupo teve melhor resultado quando as pessoas estavam usando um guarda-pó de médico ou cientista (que normalmente associamos a uma condição de cuidado e atenção). Quando as pessoas vestiam um guarda-pó branco, mas lhes era dito que eram de pintores artistas, o desempenho caiu. A isso os autores do estudo chamaram de "cognição da vestimenta", ou seja, aquilo que a roupa representa para a pessoa pode afetar o seu processo psicológico e o seu modo de agir.

O chamado "Efeito Halo" é um fenômeno da psicologia social que diz que temos a tendência de extrapolar a percepção de boa aparência que uma pessoa nos causa para outros aspectos como responsabilidade, inteligência, ou competência, entre outros aspectos. Percebemos isso facilmente com os cantores famosos e artistas de cinema ou televisão, cuja boa aparência nos remete a considerá-los também inteligentes, competentes, capazes ou autoconfiantes. Isso também pode ocorrer no mundo corporativo.

Uma outra pesquisa, realizada em mais de 1000 Organizações clientes da ComPysch Corporation, em 2005, apontou que mais de 20% dos empregados com sobrepeso tinham o moral baixo, quase o dobro em relação aos que estavam com peso adequado. Mas, o sobrepeso traz mais problemas, além de afetar o moral, ele está associado a diversos problemas de saúde, como diabetes (uma das mais perversas doenças que um ser humano pode adquirir, pois desencadeia uma série de outras doenças), problemas cardíacos, AVC (acidente vascular cerebral), entre outros. Veja que, em relação ao sobrepeso, a questão primordial não é discutir padrões de beleza, mas sim, padrões de saúde.

Outro aspecto importante relacionado à aparência diz respeito aos seus dentes, saiba que boca e olhos são os dois pontos do rosto em que as pessoas direcionam o maior foco. Dentes limpos e brancos, assim como hálito agradável, são mais importantes do que você possa imaginar. Embora quase 90% das causas da halitose estejam relacionadas a problemas bucais, como má higienização, cárie, e problemas de gengiva, várias outras causas podem desencadear o mau hálito, como: stress, ansiedade (que causam diminuição da quantidade de saliva e formam o ambiente propício à bactéria), amigdalite, prisão de ventre, diabetes, alterações hepáticas, renais, intestinais e outras. Parece apenas um detalhe, mas não é, pessoas poderão evitar falar com você apenas por conta disso, então, não se acostume com o mau hálito, pois os outros jamais se acostumarão.

Mau cheiro nas axilas, igualmente, gera um desconforto muito grande para as pessoas com quem você trabalha, e isso pode ser evitado. Eu me lembro de uma vez em que alguns funcionários de uma linha de montagem vieram me pedir para falar com um determinado colaborador, pois ele tinha um odor muito desagradável proveniente das axilas. Ora, se nem mesmo numa linha de produção, onde o trabalho físico é maior e onde as pessoas suam com frequência, o mau cheiro das axilas é tolerado, que dizer de uma área de escritório, onde não é suposto haver atividade física tão intensa.

Portanto, é importante você se sentir bem com a roupa que usa, mas só isso não basta, precisamos passar uma boa imagem também. Veja a figura a seguir, com os principais pontos que levantamos aqui sobre elegância e boa impressão:

VISTA-SE COM ELEGÂNCIA E CAUSE UMA BOA IMPRESSÃO

Vista-se com elegância, mas sinta-se confortável! Adeque seu estilo à Cultura da Organização!

Mantenha-se num peso adequado e saudável!

Mantenha seus dentes limpos e seu hálito agradável!

Cuide da sua postura, em pé ou sentado!

Lembre-se do "efeito halo", pois pessoas julgarão outros aspectos em você baseado em sua aparência!

Lembre-se de que aparência é importante, mas o seu conteúdo é fundamental!

© 52 Bons Hábitos de Gestão, Liderança e Relações Humanas - Rodrigo Vargas

Minha experiência é, basicamente, de indústria, por isso vale reforçar que a maneira de se vestir estará sempre muito ligada ao tipo de Organização e à sua Cultura. Existem, hoje, várias empresas de Tecnologia onde os colaboradores vão trabalhar de bermuda e camiseta. Portanto, usar roupas mais ou menos formais, mais ou menos discretas, dependerá de você e do perfil da empresa onde você trabalha, e a vestimenta adequada estará, como já dissemos, muito atrelada à cultura da Organização; procure entendê-la e adequar seu próprio estilo a ela. Como mensagem final, lembre-se da importância da sua imagem para o seu marketing pessoal, pois, vestir-se de forma agradável, e manter uma postura elegante e uma aparência saudável, sem dúvida, irá fortalecer a sua presença!

HÁBITO 45 - Vista-se com elegância!
RESUMO
Vista-se com elegância, de forma apropriada à cultura da Organização.
Lembre-se de que, em geral, o ambiente corporativo pede um padrão discreto de vestimenta.
Tenha atenção com sua saúde e aparência.

46. Sorria!

Lembre-se de que postura séria não quer dizer cara feia. Sisudez tem hora. Ao cumprimentar uma pessoa, sorria. Ao dar boas notícias, sorria. Ao tirar uma foto, sorria.

Lembro de um processo de seleção em que participei, há muitos anos atrás. Era ainda recém-formado, não tinha experiência, portanto. Estava concorrendo a uma vaga na área Comercial de uma grande multinacional. No dia da entrevista, ao cumprimentar o gestor da área, falei meu nome com um sorriso largo. Lembro-me de que sua feição mudou como que por encanto. Fui chamado uma segunda vez, e por fim, aprovado na vaga. Imagino que essa pessoa pensou, se esse cara me causou uma primeira boa impressão, então será capaz de fazê-lo também aos meus clientes. Antes de você se perguntar como eu fui no trabalho para valer, informo que optei por uma outra vaga onde também havia sido aprovado, numa área mais técnica. Foi uma decisão que tomei na época.

Verlin B. Hinsz e Judith A. Tomhave, psicólogos da Universidade do Estado da Dakota do Norte, divulgaram um estudo, em 1991, que mostrou que, numa interação entre duas pessoas, mais da metade das pessoas estudadas responderem um sorriso com outro sorriso, mas pouquíssimas pessoas responderem uma cara amarrada com outra cara amarrada. Ou seja, o sorriso tem mais poder de contagiar e influenciar. Outro estudo, divulgado em 2001, realizado pelos pesquisadores Jörn P.W Scharlemanna, Catherine C Eckelb, Alex Kacelnika, e Rick K Wilsonc, intitulado "The Value of a Smile: Game Theory with a Human Face" (O Valor do Sorriso – A Teoria dos Jogos com Uma Face Humana - em tradução livre) chegou a resultados que indicam que um sorriso pode provocar cooperação entre estranhos, em uma primeira interação. A conceituada revista americana Scientific American publicou na sua edição online (01/07/2008) uma entrevista com o neurocientista Marco Iacoboni da Universidade da Califórnia em que ele afirma: "Quando eu vejo você sorrindo, meus neurônios espelho são ativados e é iniciada uma atividade neural que evoca o sentimento que tipicamente associamos com o sorriso. Eu não preciso saber o que você está sentindo, eu experimento imediatamente e sem esforço (em uma forma mais branda, é claro) o que você está experimentando." Outro estudo divulgado em 2012, de autoria de Tara Kraft e Sarah Pressman, da Universidade do Kansas, revelou que sorrir pode ajudar a reduzir a intensidade da resposta do corpo ao estresse, independentemente se a pessoa está realmente se sentindo feliz ou não.

O PODER DO SORRISO
ESTIMULA A COOPERAÇÃO
FAZ VOCÊ SE SENTIR BEM
IRRADIA BONS FLUIDOS
FACILITA A INTERAÇÃO
ESTIMULA A EMPATIA

© 52 Bons Hábitos de Gestão, Liderança e Relações Humanas - Rodrigo Vargas

No episódio The Power of Positivity (O Poder da Positividade) do programa Brain Games (Truques da Mente) da National Geographic, Sridevi Sarma, pesquisadora da Universidade Johns Hopkins, engenheira elétrica e doutora em ciência da computação, explica que o sorriso pode desencadear uma chuva de endorfinas comparável a comer bastante chocolate, ou ganhar um punhado de dinheiro; e que tem a capacidade de reduzir os hormônios do estresse e baixar a pressão arterial. Num artigo de Nicole Spector, intitulado "Smiling can trick your brain into happiness — and boost your health" (Sorrir pode enganar seu cérebro e trazer felicidade e melhorar sua saúde - em tradução livre) e publicado no web site da NBCnews (divisão da NBC), o Dr. Murray Grossan, um médico otorrinolaringologista de Los Angeles, afirma que o sorriso traz a sensação de felicidade que atua para fortalecer o sistema imunológico, em oposição à depressão que o enfraquece. O Dr. Murray comenta, ainda, que mesmo um sorriso forçado, faz o cérebro detectar a contração dos músculos que produzem o sorriso, induzindo os efeitos benéficos de maneira similar ao sorriso espontâneo. Um estudo da Universidade de Cardiff (País de Gales), que foi tema do artigo Research claims Botox makes people happier publicado no web site Wales Online, encontrou que as pessoas que não conseguiam franzir a testa devido às aplicações de Botox eram mais felizes (menos depressivas, ansiosas e irritáveis), na média, do que aqueles que podiam franzir a testa.

Se um sorriso pode melhorar o seu dia, pense que você, como gestor, tem o poder de sorrir e espalhar para sua equipe os benefícios do sorriso; pois, como humanos, ao interagirmos em uma Organização, estamos constantemente interpretando sinais de comunicação não-verbais, e um sorriso é um desses sinais que é facilmente percebido como agradável, confiante e cativante; nada mais apropriado a um bom gestor, que deve liderar um grupo de pessoas. Claro que algumas pessoas têm um sorriso mais ou menos fácil que outras, ou um sorriso mais ou menos discreto, e isso é uma característica de personalidade (como a introversão ou extroversão - que em nada compromete a liderança). Veja o meu caso, eu avalio que, no início de minha carreira, eu sorria menos, e fui, com o passar do tempo, aprendendo a usar o sorriso a meu favor como resultado do aumento da autoconfiança (ou será que foi o inverso?...).

Enfim, caro leitor, os bons fluidos que um sorriso pode transmitir são inúmeros. Experimente por alguns dias, forçosamente, sorrir, ao ver e cumprimentar as pessoas. Provavelmente, ao longo do tempo, isto lhe começará a ser natural. Você verá, então, quantas boas sementes estará plantando. Então, sorria!

HÁBITO 46 - Sorria!
RESUMO
Exercite diariamente o sorriso.
Sorria ao cumprimentar uma pessoa, ao dar uma boa notícia, ao tirar uma foto.
Sorrir estimula a cooperação e a interação.
Sorrir irradia bons fluidos a você e aos outros.

47. Compartilhe informações com sua equipe!

Divida informações com os membros de sua equipe ou outros colegas. Compartilhe as informações pertinentes e no momento adequado. Esta é uma boa técnica de liderança. Faz você ser visto como uma pessoa cooperativa e com espírito de equipe. Mas atenção, quando falamos aqui em dividir informações, referimo-nos àquelas com finalidade de aprimoramento, pertinente ao trabalho, ou de cunho genérico. Informações estratégicas ou confidenciais devem ser tratadas sempre como tal.

A maneira pela qual você compartilha as informações entre os membros da equipe tem um grande impacto na capacidade de execução de tarefas, interação com outras áreas, e tomada de decisões. Portanto, na medida em que o gestor sabe compartilhar informações, e torna isso um hábito, também entre os membros de sua equipe, isso se tornará hábito. E quanto melhor é o compartilhamento de informações uns com os outros, mais confiança e interação haverá entre os membros, resultando em melhores resultados.

Mas... e aquela máxima que diz: "informação é poder". É evidente que você deve ter a devida ponderação sobre informações sigilosas ou confidenciais, estratégicas, e aquelas do dia a dia de trabalho, que podem ser, por exemplo, informações sobre sua própria área, indicadores ou informações técnicas. E, ao dividir e compartilhar informações pertinentes e "liberadas", você estará demonstrando poder, pois compartilhar informação também é "poder".

Imagine a seguinte situação: seria muito ruim para você, como gestor, ver que seu pessoal ficou sabendo sobre uma nova definição estratégica (ou qualquer outra informação relevante) através de pessoas de outra equipe, sendo que essa informação foi transmitida a todos os gestores, com o propósito de que fosse repassada para suas equipes. Algumas pessoas de sua equipe podem pensar que você não está preocupado em informá-las, ou, de certa forma, negligencia o compartilhamento de informações. Isso desmotiva! Para evitar isso, tenha maneiras de compartilhar informações (reuniões diárias, e-mails, quadro de avisos, etc.), e as utilize sempre que preciso.

E mais, as pessoas, em geral, admiram e respeitam aqueles que, preocupados com os melhores resultados, compartilham informações. Utilize essa prática com sua equipe, também no sentido de procurar um desenvolvimento de competências. Muitas vezes as pessoas não sabem o significado, por exemplo, de determinados indicadores que a Organização acompanha. É comum, e eu vivenciei isso, as lideranças divulgam um determinado indicador e muita gente nem sabe o que ele significa. Portanto, não basta apenas divulgar um informação. Você deve ter certeza de que as pessoas entendem o seu significado.

Lembro que em uma Organização onde trabalhei, eu costumava, de quando em quando, fazer reuniões em que explicava detalhes técnicos do produto, situação de mercado, perspectivas de mercado, etc. Com isso, percebia que o interesse na atividade aumentava, e a qualidade também.

Portanto, você como gestor, deve ter o hábito de compartilhar informações, utilizando reuniões diárias, semanais, editais de área, e-mails, e outras formas que você entender apropriadas.

HÁBITO 47 - Compartilhe informações com sua equipe!
RESUMO

Compartilhe informações com sua equipe.

Se for preciso, explique o significado de determinada informação.

Crie situações onde possa compartilhar informações coletivamente, e com certa frequência.

48. Tome decisões!

Nunca fuja à tomada de decisão. O que é de sua competência deve ser decidido por você. Se você tem uma equipe de trabalho, você deve delegar autoridade às pessoas da equipe (empowerment), porém, as decisões difíceis e de peso, é você quem deve tomar.

Na maioria das vezes, você deve orientar seu pessoal em como proceder no dia a dia, nas chamadas decisões de rotina. Mas aquelas que fogem da rotina, na maior parte das vezes, devem ser trazidas a você. É claro que isso depende muito do seu nível de cargo e do nível do cargo do seu liderado. Quanto maior o cargo, maiores os níveis de responsabilidade, portanto maior o *empowerment* de quem está abaixo de você.

Digo sempre que você deve poder justificar todas as suas decisões, nem que seja a você mesmo, mas sempre deve haver o entendimento claro do porquê de uma ou outra decisão. Aqui se vê a importância de termos o hábito do equilíbrio emocional, a fim de que tomemos as decisões com sabedoria e clareza da mente. Inclusive, caro leitor, se você for religioso, peça todos os dias, no início do seu trabalho, que Deus lhe dê sabedoria para tomar as decisões mais corretas. Isso tem muita importância para um cargo de gestão!

Uma Organização é uma parte da sociedade e questões sociais, ou políticas, podem ser ponderadas também. De todo modo, acredito que, como melhor prática, ao tomar decisões, dificilmente você errará se cumprir 3 critérios principais: valores morais, justiça e maior benefício. Portanto, ao tomar uma decisão, pense se ela está em linha com os princípios morais (boa-fé); analise se ela é justa; e se está resultando no melhor benefício possível (cumpridos os dois primeiros critérios, é claro).

Eu trabalhei, anos atrás, como responsável geral pela área industrial de uma determinada empresa. Nessa época, a pessoa responsável pelo RH me trouxe um dia a informação de que o diretor geral havia tomado a decisão de flexibilizar o horário de entrada (e saída) na Organização, cabendo a cada gerente de área a decisão de utilizar ou não essa prerrogativa em sua própria área. As alternativas eram: entrada às 8:00h da manhã (com saída às 18:00h), como já fazíamos todos, ou entrada às 7:00h (com saída às 17:00h). É óbvio que estranhei muito uma alteração como essa não ter sido, previamente, discutida entre o diretor geral e nós gerentes, antes de ter sido promulgada, já que é um tema controverso e afeta a Organização como um todo. Pois bem, tomei a decisão que, a mim, me cabia ser tomada. Olhando para os critérios que mencionei, vê-se que qualquer uma das alternativas estaria seguindo os princípios morais. No entanto, o critério de justiça não me pareceu, naquele momento, bem atendido, pois existiam pontos que poderiam gerar um certo sentimento de injustiça. A área Industrial trabalha muito concatenada, interligada, e quando a Produção trabalha, precisa do suporte das áreas de Qualidade, Manutenção e Logística, pelo menos. Talvez o pessoal de

Compras ficasse numa zona maior de dúvida, pois, embora alguns dessem suporte direto à Logística, Qualidade e Produção, outros talvez pudessem alterar o horário sem maiores prejuízos. No entanto, quando avancei meu pensamento para o critério de maior benefício, ficou claro que aspectos como produtividade e segurança física determinavam que fizéssemos todos apenas um horário de entrada. É como querer treinar um time de futebol e flexibilizar o horário de chegada de seus integrantes; não vai funcionar. Portanto, embora o tema fosse polêmico, a decisão que tomei pareceu ser bem aceita e bem entendida, ainda que pudesse ter, obviamente, descontentado alguns. No entanto, a função de um gestor não é, necessariamente, contentar as pessoas, ele não precisa ser nem bonzinho, nem mauzinho, apenas justo. O gestor deve buscar criar um bom ambiente de trabalho, sim, mas isso não quer dizer fazer a vontade de todos, e sim, fazer o que é preciso que seja feito, agindo corretamente, e aliando os critérios de valores morais, justiça e maior benefício.

Eu já amarguei, evidentemente, erros de tomada de decisão, ou por não conseguir chegar ao melhor benefício, ou por não conseguir atender o melhor critério de justiça possível. Isso pode acontecer com você. Encare como parte do aprendizado. Reconheça seus erros, imediatamente, quando for o caso. E, na próxima vez, avalie sempre com critério. Mas, no fim, tome a decisão!

HÁBITO 48 - Tome decisões!
RESUMO
Oriente sua equipe para que tomem as decisões de rotina, cada um em seu âmbito de atuação.
Lembre-se de que as decisões difíceis, ou fora da rotina, são da sua competência.
Se você conseguir justificar sua decisão para você mesmo, conseguirá fazê-lo para qualquer um.
Baseie suas decisões nos critérios de: valores morais, justiça e maior benefício.

49. Aprenda com os erros. Aproveite toda energia contida neles!

HÁBITO 49: APRENDA COM OS ERROS. APROVEITE TODA ENERGIA CONTIDA NELES.

Nada que acontece é totalmente ruim, ou negativo. Se você pensar, e analisar as situações adversas, vai ver que sempre é possível tirar algum bom proveito delas. Quando erros acontecerem, aprenda com eles. Entenda por que ocorreram, verifique as causas. Dessa forma você pode evitar que ocorram novamente situações semelhantes. Já vimos como "solucionar problemas", e são essas as técnicas que você poderá usar para ter o aprendizado necessário com o erro.

Também já vimos que precisamos ter um bom ambiente dentro da equipe de trabalho, e na Organização da qual fazemos parte, propício à discussão dos erros e suas soluções, sem humilhações e críticas vazias, seja de colegas, seja da chefia, mas sim, com respeito e atitude responsável. Muitas vezes, o que falta é nossa determinação em aproveitarmos o erro como uma oportunidade, não apenas para evitarmos que ele ocorra de novo, mas também que consigamos fortalecer o nosso processo, e torná-lo ainda melhor. Essa atitude perante o erro faz toda a diferença.

Embora pareça simples ao falar, na prática, aprender com os erros pode ser uma tarefa difícil se você não tiver humildade para reconhecê-lo, e disposição para corrigi-lo. Sabemos que a cultura ocidental não aceita facilmente a crítica e a responsabilidade do erro. Ao contrário, a cultura oriental tem muito mais facilidade para aceitar críticas. Veja a diferença: após um projeto se encerrar, um japonês procura oportunidades de melhoria e pode ficar decepcionado se não forem apontadas essas oportunidades. Nós, na cultura ocidental, queremos apenas elogios, e a menor crítica pode ser recebida com descaso ou irritação. Portanto, fundamental é ter humildade e sabedoria para entender e analisar uma crítica ou um erro, pois é assim que poderemos transformá-los em algo positivo.

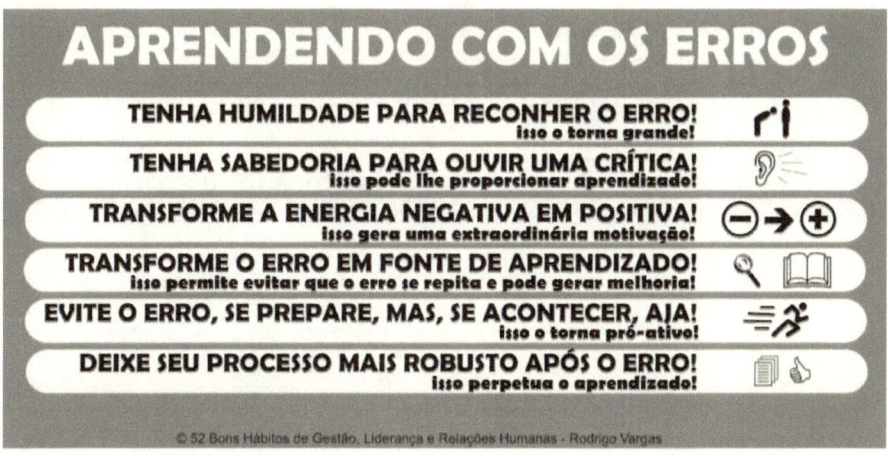

Situações adversas são sempre carregadas negativamente, e o truque está em converter esta energia negativa em energia positiva, tirando sempre algum proveito dessas situações. Eu me lembro de uma situação em que eu estava em uma teleconferência falada em inglês e, após seu encerramento, eu não gostei do meu desempenho, fiquei decepcionado, e senti aquela energia negativa que a gente carrega nessas situações. Pois bem, resolvi convertê-la em algo positivo, transformando-a em motivação para a apresentação mensal que eu faria para toda a fábrica em alguns dias. Resultado: foi uma das melhores apresentações que eu fiz naquela Organização. Esse livro mesmo que você está lendo é um exemplo. Anos atrás, quando eu havia sido recém-demitido de uma Organização onde eu trabalhava, decidi transformar a energia negativa daquela situação em algo positivo, foi aí que comecei a escrever este livro.

Aprender com os erros, transformar a energia negativa em positiva é possível, e pode dar uma contribuição incrível. Acredite, isso realmente pode acontecer!

HÁBITO 49 - Aprenda com os erros. Aproveite toda energia contida neles!
RESUMO
Aprenda com os erros.
Transforme a energia negativa do erro, em energia positiva de aprendizado.
Tenha sabedoria e humildade ao receber uma crítica ou se deparar com um erro.
Deixe seu processo melhor e mais robusto, após o erro.

50. Encare desafios!

Lembro do frio na barriga quando aceitei um emprego onde teria que supervisionar o trabalho de várias pessoas. Até então, eu só cuidava do meu *próprio* trabalho. Mas lá fui eu, encarei o desafio, pois eu queria mais responsabilidades, queria ter mais exposição nas Organizações, queria poder executar mais, queria poder realizar mais. O resultado é que tive um reconhecimento pelo meu trabalho, ganhei experiência, realizei bastante coisa, aprendi muito. Sim, quando você trabalha com uma equipe, você aprende muito sobre relacionamento humano, sobre lidar com pessoas. Foi um grande desafio que encarei, do qual trago muitas boas recordações.

Foi feito um experimento, em 1908, pelos pesquisadores Robert M. Yerkes and John D. Dodson, que consistia, resumidamente, no seguinte: ratos eram colocados em uma caixa com duas pequenas caixas dentro dela, uma das caixinhas era preta, a outra branca. O experimento consistia em aplicar estímulos (através de choque elétrico) apenas quando o rato entrava na caixa preta. O resultado, de forma simples, concluiu que ao se aplicar estímulos muito baixos, não havia resultado, ou seja, o rato não aprendia que na caixa preta levaria choque, coisa que acontecia com maiores estímulos. No entanto, com muito elevados, verificou-se alta ansiedade ou pânico, não gerando o resultado desejado. Mais tarde, experimentos semelhantes foram feitos com animais (Broadhurst, 1957; Mateo, 2008) e com pessoas (Anderson, 1994; Dickman, 2002; Aubert, 2011), chegando a resultados similares. Esse experimento inicial deu nome à chamada Lei de Yerkes-Dodson, que, na prática, significa dizer que estímulos adequados nos levam aos melhores resultados, estímulos baixos não geram resposta, bem como, estímulos exagerados podem gerar progressivamente ansiedade, esgotamento e pânico.

Para uma melhor interpretação da Lei de Yerkes-Dodson, imagine um vigia noturno que cuida de uma empresa que não tem atividade durante a noite e, portanto, ele não tem praticamente o que fazer, dessa forma, poderá ficar sonolento e desatento. Se esse vigia cuida da entrada e saída de caminhões que carregam produtos durante a noite para transporte, ele, provavelmente, ficará ativo o suficiente, pois terá que verificar a documentação e a carga durante o tempo de sua jornada. No entanto, se esse vigia trabalhar nessa mesma portaria, porém, controlando além dos caminhões, a entrada e saída dos funcionários, ele provavelmente chegue a níveis de stress além do suportável. Da mesma, um controlador de voo que trabalha num aeroporto em que pousa ou decola um avião a cada 60 minutos poderá ficar sonolento e desatento. Ao passo que, se esse controlador de voo trabalhar em um aeroporto com pousos e decolagens a cada 10 minutos, ele, provavelmente, permanecerá atento e ativo o tempo todo. Ao contrário, um aeroporto em que pousam ou decolam aviões a cada 1 minuto levará, muito provavelmente, o nosso solitário controlador de voo ao esgotamento.

Outro exemplo da Lei Yerkes-Dodson acontece no nosso organismo em relação a um vírus letal. Sem a presença do vírus não há estímulo de resposta do nosso sistema imunológico, ao passo que se formos expostos ao vírus atenuado (estímulo ideal), através de uma vacina, nosso sistema imunológico cria defesas. Ao contrário, exposto ao próprio vírus, o sistema imunológico não consegue dar conta, resultando em colapso. Na academia de musculação vemos outro exemplo, pesos que criam baixa resistência não vão gerar estímulo suficiente para o músculo crescer e se desenvolver. Já a utilização de cargas mais elevadas, criando resistência razoável, fará com que o músculo precise aumentar de tamanho. No entanto, cargas muito elevadas podem provocar uma lesão. Mais uma vez, lembramos aqui de Aristóteles, que dizia: a virtude está no equilíbrio, no encontro do meio-termo, na razoabilidade.

A Lei de Yerkes-Dodson na Prática*

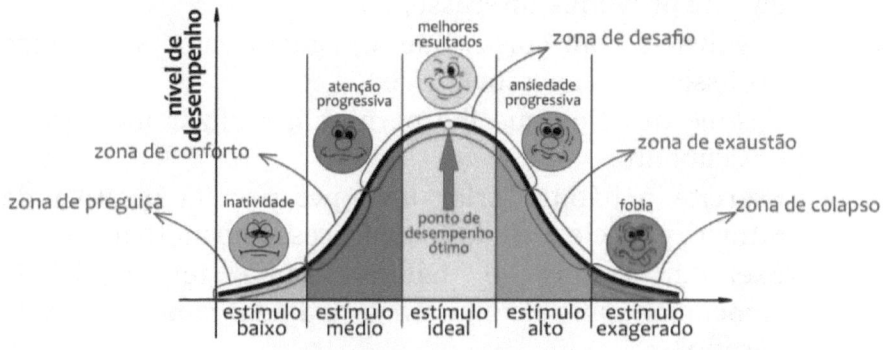

*Adaptado da Lei de Yerkes-Dodson, pelo autor © 52 Bons Hábitos de Gestão, Liderança e Relações Humanas - Rodrigo Vargas

Portanto, devemos ter em mente que o nosso **crescimento pessoal e profissional se encontra fora da zona de conforto** (aquela em que normalmente nos encontramos quando não fazemos nada de diferente), ele está exatamente na zona de desafio. Claro que não precisamos, e nem devemos, permanecer 100% do tempo na zona de desafio, pois precisamos tomar fôlego, descansar, e nos restabelecer do stress, e para isso tiramos férias, folgas ou diminuímos cargas de trabalho; assim como um fisiculturista o faz em seu treinamento, obtendo ganhos através da aplicação do princípio do estímulo ideal e subsequente recuperação.

Como a figura anterior mostra, a zona de desafio ideal é aquela que apresenta os melhores resultados, pois é onde recebemos o estímulo ideal. Mas como saber se estamos na área de estímulo ideal? É fundamental nos conhecermos, conhecermos nossos limites, para sabermos ultrapassá-los de modo consciente e razoável. Na prática, percebemos que o estímulo é ideal pela sensação agradável que sentimos, ainda que tenhamos certa dose de preocupação e desconforto. O desafio ideal nos motiva e nos realiza.

Algumas dicas ao encarar desafios, podem nos ajudar a sermos mais bem-sucedidos:
- Procure se envolver em coisas, tanto quanto possível, que lhe provoque interesse;
- Envolva-se com coisas que agreguem valor à sua vida profissional, ou pessoal;
- Busque desafios que lhe permitam realizar melhoria e crescimento;
- Exercite o hábito "criar uma perspectiva positiva do futuro", pois ele o ajudará no processo de motivação;
- Exercite sempre o hábito "saiba ter equilíbrio emocional", pois ele ajudará você a lidar com o stress do desafio.

Quanto à sua equipe, não é diferente, você deve desafiá-la constantemente para conseguir melhores resultados. O desafio é a mola propulsora dos resultados. Segundo a psicóloga Judith Bardwick, para alcançar maiores conquistas, é preciso tirar o empregado da sua zona de conforto, apoiando-o, mas ao mesmo tempo, desafiando-o.

VOCÊ É DO TAMANHO DOS DESAFIOS QUE ENFRENTA!

Portanto, não tenha medo dos desafios, encare-os como oportunidades de crescimento e reconhecimento dentro da organização. Tenha em mente que você é do tamanho dos desafios que enfrenta!

HÁBITO 50 - Encare desafios!
RESUMO
Encare desafios você mesmo, e desafie os membros de sua equipe.
Procure trabalhar na área de estímulo ideal.
Lembre-se de que você é do tamanho dos desafios que enfrenta.

51. Delegue autoridade!

**HÁBITO 51:
DELEGUE AUTORIDADE.**

Dê espaço para os membros de sua equipe tomarem decisão e agirem (dentro de determinados limites), coisa que os americanos chamam de *empowerment*. Delegue autoridade. Isto torna seu trabalho mais eficiente e, também, mais fácil. Não se sinta desconfortável por não conhecer em detalhes tudo o que os membros da equipe estão fazendo, só os inseguros querem saber tudo.

Para delegar autoridade, passe determinadas funções para membros de sua equipe, sempre buscando otimizar o trabalho. Delegação de autoridade deve ter o propósito de, além de motivar a equipe, encontrar realmente meios mais eficientes de execução da atividade. A delegação de autoridade deve facilitar o trabalho. Mas lembre-se de que, delegar autoridade sempre caminha junto com a delegação de responsabilidade. Quanto mais autoridade você tem, também mais responsabilidade terá, e nem todos gostam disso.

Vimos em outro capítulo, como é importante você tomar decisões no tocante a questões onde você deve ser necessariamente envolvido. Tomar decisão, de forma firme e ponderada, é extremamente importante. Mas, de uma forma balanceada, várias decisões terão de ser tomadas por membros de sua equipe, pertinentemente aos processos de trabalho de cada um. Para que isso ocorra de forma adequada, deve haver uma delegação de autoridade e de poder na medida certa, para que seus liderados consigam agir e ter sucesso. Quanto mais clara e bem definida seja a delegação, melhores serão os resultados.

Veja, a seguir, 9 dicas para delegação de autoridade ou empowerment:

1. Fortaleça as competências (conjunto de conhecimentos, habilidades e atitudes) de cada um da sua equipe, fornecendo as devidas informações ou possibilitando treinamentos.
2. Não tome as decisões por aqueles que você quer capacitar. Encoraje-os a tomarem a decisão.
3. Quando errarem, peça um plano de ação (veja o capítulo "Solucione problemas").
4. Apoie as decisões.
5. Compartilhe com a equipe sobre a importância do trabalho de cada um.
6. Dê feedback.
7. Avalie e assuma os riscos pelo fato de determinadas decisões não passarem por você.
8. Cobre resultados
9. Elogie as ações acertadas.

DELEGUE AUTORIDADE

- Delegar autoridade pode tornar seu trabalho mais eficiente
- Não se sinta desconfortável por não acompanhar todos os detalhes
- Busque otimizar o trabalho
- Apóie, exija disciplina e cobre resultados
- Delegue autoridade sempre junto com responsabilidade
- Não delegue as decisões muito específicas de seu cargo
- Avalie as competências da equipe, e capacite antes de delegar
- Utilize as 9 dicas de empowerment

© 52 Bons Hábitos de Gestão, Liderança e Relações Humanas - Rodrigo Vargas

Delegue autoridade de forma racional e disciplinada, e você poderá ver aumentar enormemente a eficiência de sua equipe e dos resultados de seus processos!

HÁBITO 51 - Delegue autoridade!
RESUMO
Delegue autoridade, mas também responsabilidade.
Fortaleça as competências de sua equipe.
Não tome decisões por aqueles a quem você delegou, capacite-os.

52. Siga seus princípios!

HÁBITO 52: SIGA SEUS PRINCÍPIOS.

Siga seus princípios! Esse é um dos mais importantes hábitos, o qual eu nunca me arrependi de ter cultivado. Acredito que você também não irá se arrepender jamais. As pessoas lhe respeitarão por isso. Mas, acima de tudo, você ficará sempre de bem com você mesmo, podendo dormir tranquilo, e em paz com a sua consciência, de bem consigo mesmo.

Seguir os princípios éticos e morais deixará você, automaticamente, fora do grupo dos maus-caracteres. E isso tem consequências, claro que sim! Mas a vida é feita de escolhas. Vou explicar melhor com esse exemplo: eu era recém-formado como engenheiro mecânico, e havia aberto uma pequena empresa de representações comerciais. Buscando abrir mercados, eu, obviamente, fazia muitos contatos, inclusive em feiras de negócios, e respondia a vários anúncios de fornecedores que buscavam um representante na minha região. Lembro perfeitamente do dia em que recebi um telefonema de um grande distribuidor que havia recebido minha resposta ao seu anúncio. A conversa caminhava bem até o momento em que ele disse que havia uma determinada empresa pública a quem eles já atendiam, e que passando a ser atendida por mim, eu deveria "passar uma bola" ao comprador. É... Nada a ver com futebol. Na verdade, ele estava me orientando a pagar propina para o comprador, para que ele continuasse comprando dessa empresa. Eu, naturalmente, disse-lhe que venderia seus produtos, como representante comercial, se estes tivessem preço justo e qualidade, e que, se ele estava atrás de alguém que vendesse seus produtos pagando propina a quem quer que fosse, ele estava falando com a pessoa errada. Encerrei a conversa ali mesmo. Não muito tempo depois, fiz um contato com outra empresa, e acabamos fazendo um acordo verba para eu representá-los. Comecei, então, a vender seus produtos na minha região. Mas, surpreendentemente, algum tempo depois, encontrei uma matéria no jornal local falando de uma outra representante atuando na minha região, vendendo os mesmos produtos. Ao ligar para a fabricante, disseram que era "pessoa amiga", por isso deram-lhe a representação. Que descaramento! Afinal, nós tínhamos um acordo! Ao perceber que se tratava de pessoas sem caráter, encerrei a discussão e o negócio. Batalhei um tempo mais, representei outros produtos, porém, resolvi encerrar a empresa! Como eu disse, nossas escolhas têm suas consequências, mas, quando fazemos as escolhas certas, a sorte caminha ao nosso lado, e o Universo conspira a nosso favor. Depois de encerrar a empresa, eu fui trabalhar na indústria, nos primeiros anos como engenheiro, e, depois, como gestor. Foi uma experiência incrível, um aprendizado fantástico. É evidente que, mesmo trabalhando na indústria, me deparei com alguns indivíduos fracos de caráter, porém, busquei sempre fazer as minhas próprias escolhas. E se isso tudo não tivesse acontecido do jeito que foi, eu, provavelmente, não teria escrito esse livro. Tudo isso faz parte do jogo, o importante é que eu pude agir de acordo com minha consciência.

Acredito que uma pessoa fiel aos princípios éticos e morais seja cobiçada e valorizada pela grande maioria das boas Organizações. Da mesma forma, acredito que você também não queira seguir carreira numa Organização onde os valores dela estejam desalinhados com os seus. Penso que, quanto maior a responsabilidade do cargo, maior será a procura por pessoas de bom caráter, pois maior será, também, a amplitude e a abrangência das decisões e das ações do cargo. Um estudo realizado pela Korn/Ferry Internacional e pela Universidade de Columbia, nos Estados Unidos, a respeito das características dos executivos do ano 2000 revelou a "ÉTICA" como sendo a mais cotada das características pessoais requeridas ao executivo.

Posso dizer que, em todos os meus anos de trabalho nas Organizações, os melhores gestores que conheci, os mais respeitados, e os de maior sucesso, foram aqueles mais íntegros e de bom caráter. Sempre digo que, para ser um bom profissional, antes de tudo, tem que ser uma boa pessoa. Há um ditado, encontrado com algumas variações, e atribuído a vários autores, mas que, em síntese, diz o seguinte: "Seus pensamentos moldarão seus atos. Seus atos moldarão seus hábitos. Seus hábitos moldarão seu caráter. Seu caráter moldará seu destino." A grande mensagem é: somos o que pensamos. Ou ainda, seremos amanhã, aquilo que pensamos hoje.

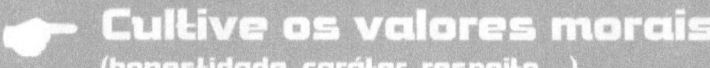
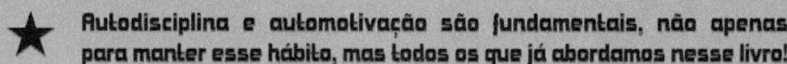

Oprah Winfrey, uma das maiores apresentadoras de TV dos Estados Unidos, que fez mais de 35.000 entrevistas em seus programas, ao longo de 25 anos, disse uma vez, como paraninfa de uma turma da Universidade de Harvard, que a questão-chave na vida é: "desenvolver o seu GPS moral/emocional, que lhe mostre o caminho a seguir". No livro "Apologia", escrito por Platão, em que ele narra a defesa de Sócrates contra os crimes do qual era acusado (não acreditar nos deuses cultuados na cidade, e o de corromper a juventude com suas ideias), num dado momento, em sua defesa no tribunal, Sócrates, refletindo sobre a possibilidade de lhe ser imputada a pena de morte, diz: - Um homem correto não deve calcular suas ações baseado na chance de viver ou morrer, mas sim no que é certo ou errado fazer.

Um estudo de 2015 sobre a Gestão Responsável de Negócios, realizado pela CGMA (Chartered Global Management Accountant) apontou a crescente importância das questões éticas nas Organizações. O estudo foi conduzido no Reino Unido, Estados Unidos, África do Sul, Irlanda, Austrália, Índia, Malásia, Sri Lanka, e alguns outros mercados. As cinco maiores preocupações éticas dizem respeito à segurança de informações, segurança ocupacional e patrimonial, discriminação, conflito de interesses, e suborno.

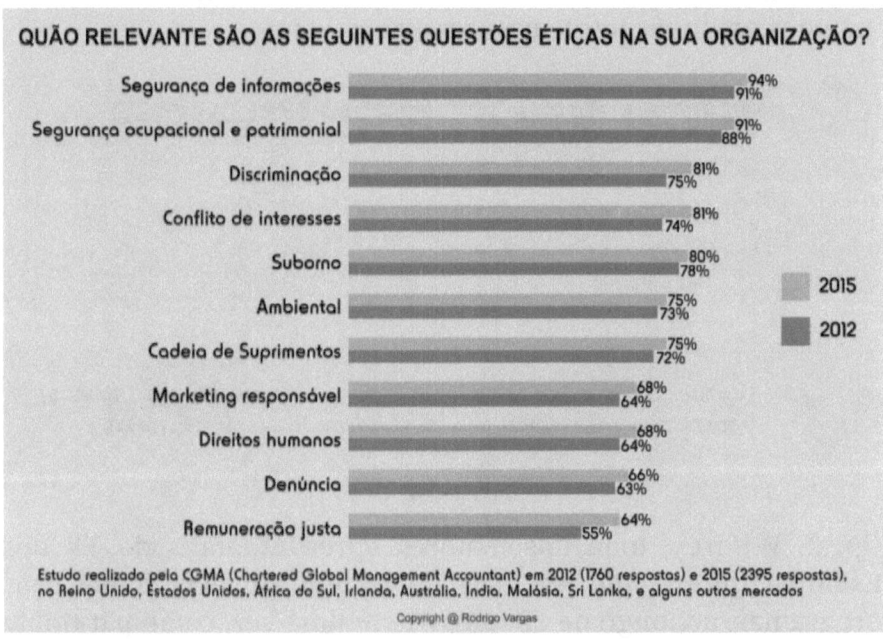

Outro estudo conduzido por Daniel Johnson, do Instituto de Ética no Trabalho (IBE-Institute of Business Ethics) mostra uma crescente preocupação com a questão ética no trabalho. O Instituto, que tem sede no Reino Unido, tem feito pesquisas sobre as questões éticas no Reino Unido desde 2005, e a partir de 2012 incluiu outros países. A figura a seguir, que inclui apenas as respostas do Reino Unido, mostra que, de 2005 a 2015, as seguintes questões éticas têm sido tratadas cada vez com mais atenção:
- Ter procedimentos escritos;

- Ter meios para reportar má conduta de forma confidencial;
- Dar suporte em aconselhamento ou informação;
- Dar treinamento em padrões de conduta ética.

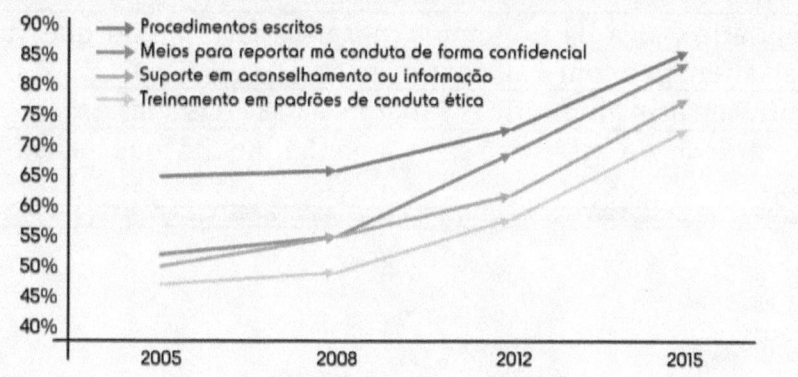

Estudo realizado por Daniel Johnson, do Instituto de Ética no Trabalho (IBE-Institute of Business Ethics), com 759 respostas em 2005, 791 respostas em 2008, 665 respostas em 2012, e 674 respostas em 2015, com trabalhadores de tempo integral do Reino Unido.

Incontestavelmente, nós não somos perfeitos, não somos santos, e, como seres humanos que somos, às vezes erramos. O fundamental é sempre buscarmos agir corretamente e, quando errarmos, além do aprendizado, devemos procurar corrigir nosso erro, conservando nossa essência, que deve sempre estar voltada aos bons princípios, pois esse é um dos maiores poderes que o ser humano pode emanar, é a verdadeira fortaleza. Ser correto não quer dizer ser bobo, mas quer dizer ser forte. Lembro de um colega com quem trabalhei que dizia, justificando seus atos: "O que é certo, é certo!". Sem dúvida, a discussão sobre ética e princípios morais pode se tornar bastante filosófica, e eu não quero fazer qualquer aprofundamento que não seja cabível neste livro. Ainda que saibamos que existe muita gente corrupta ocupando cargos de responsabilidade, desde a administração pública até a iniciativa privada, inclusive na direção de grandes corporações, a proposta é simples: apontar nossa bússola interior para o caminho dos princípios morais (caráter, honestidade, respeito) e seguir em frente. Colhemos o que plantamos, certo? Portanto, semeie coisas boas, misture-se com gente boa, converse com gente boa, e trabalhe com gente boa!

HÁBITO 52 - Siga seus princípios! RESUMO
Seja ético, siga os princípios morais e faça aquilo que vai lhe deixar em paz com a sua consciência.
Torne os princípios éticos e morais a base das suas ações.
Lembre-se de que você será amanhã, aquilo que pensa e faz hoje.

Para Terminar.

Eu sempre acreditei que o encerramento de um livro é uma parte muito especial dele. Sua mensagem pode ser tão ou mais importante quanto o seu próprio conteúdo, e por isso, gostaria de deixar um comentário final, ainda que breve, mas que considero fundamental. Haverá momentos em que, por mais que você venha exercitando os hábitos de gestão, liderança e relações humanas deste livro, pensará que esqueceu algo do que aprendeu, ou que não consegue mais executar determinada ação ou ainda, aplicar determinado princípio como antes o fizera. Esse pensamento é comum, é próprio do ser humano. Isso é o que eu chamo de pontos de desafio (dos quais falei no capítulo "Cultivando Hábitos", ao abordar a curva de aprendizagem). Isso pode ocorrer com alguma frequência, e com muita gente. Pode ocorrer mesmo com os próprios autores de livros (pelo menos com este que agora escreve, tenha certeza de que ocorre) que ensinam seus métodos, e que têm seus momentos de reflexão sobre a habilidade na aplicação prática dos seus conceitos.

Acontece que as situações mudam, você muda, os outros mudam. A estratégia de aplicação que funcionou numa situação de ontem, talvez não funcione amanhã. Mas considere que não existem derrotas, existem, sim, experiências acumuladas. É como um valioso patrimônio transacional e experimental do qual você deve ter orgulho, e que nunca lhe será tirado, o qual poderá lhe render belos frutos. Seja persistente em seus propósitos, maduro, íntegro, e positivo.

Na verdade, esses momentos de reflexão devem ser encarados como oportunidades de repensar tudo o quanto você já progrediu, e o que já fez de positivo. São momentos para reaprender, retomar o fôlego, e voltar a aplicar os conhecimentos adquiridos de forma ainda melhor e mais vibrante. Acredite em você e o resultado aparecerá! Para auxiliar no desenvolvimento de suas competências, preparei para você um painel de acompanhamento em planilha eletrônica. Nele você encontrará cada um dos hábitos com campos para uma autoavaliação, de modo a ter uma visão geral de sua aplicação e poder, então, buscar desenvolvimento onde seja necessário. Para isso, acesse o GestaoIndustrial.com e procure o arquivo "Painel dos 52 Bons Hábitos", na página de Downloads Gratuitos.

Para finalizar, espero que este livro não seja percebido como um registro dogmático, pura e simplesmente, mas que seja uma vertente fértil no seu caminho como gestor e líder. Que o livro seja uma boa ferramenta, que lhe proporcione reflexão, inspiração, motivação e, também, muita ação positiva, contribuindo no desenvolvimento de suas competências e no seu crescimento profissional.

Boa Sorte na sua trajetória e muito Sucesso!

Rodrigo Vargas

Agradecimento

Obrigado pela leitura do livro! Espero que este meu trabalho tenha lhe agregado valor e, de algum modo, despertado novas ideias, criado conhecimento ou encorajado reflexões. Gostaria muito de poder conhecer a sua opinião sobre o livro e, para isso, seria fantástico (e eu ficaria muito grato!) se você pudesse dedicar algum tempo para escrever uma avaliação na página do livro, na loja onde foi comprado, contando o que gostou e o que pode ser melhorado. Isso poderá me proporcionar desenvolvimento e evolução, além do que, ajuda autores independentes, como eu, a divulgar o trabalho e informar outros leitores.

Muito obrigado!

Rodrigo Vargas

Outras Publicações de Rodrigo Vargas

A "Cultura de Melhoria" é a mais robusta maneira de levar uma Organização aos níveis de excelência, alcançando melhores resultados, e criando um ambiente de trabalho positivo e fértil. O livro faz uma análise objetiva das mudanças das últimas décadas e das necessidades atuais do mundo corporativo, discorrendo sobre os aspectos que levam a empresa a criar e manter uma Cultura de Melhoria, os benefícios associados a ela, bem como o trabalho que se deve fazer para implantá-la. É um livro prático, abordando o passo a passo para fazer uma transformação positiva na Cultura Organizacional, através dos 7 degraus da criação da Cultura de Melhoria:

1) Decisão
2) Seleção das Lideranças
3) Treinamento das Lideranças
4) Treinamento dos Colaboradores
5) Fermentação Cultural
6) Repetições Cíclicas
7) Cultura de Melhoria

O livro é indicado para gestores interessados em melhorar a Cultura na sua Organização, buscando maior competitividade, melhor ambiente de trabalho, e melhores resultados. É indicado, também, para os profissionais que buscam ampliar seus horizontes, entendendo importantes aspectos da Cultura de uma Organização.

Após a visita de milhares de profissionais e estudantes ao portal GestaoIndustrial.com, e várias solicitações para disponibilizar o conteúdo em formato de livro, foi aceito mais este desafio. O objetivo foi o de disponibilizar conteúdo e informação, devidamente adaptados ao formato de livro, de modo que você pudesse carregá-lo sempre consigo, inclusive off-line. Portanto, este livro contém, basicamente, os temas que, ao longo de vários anos, foram editados para o portal da web, no entanto, é bom que se frise, o conteúdo não é exatamente o mesmo.

O livro "Gestão Industrial de A a Z" proporciona uma visão geral da gestão na indústria, abordando os seus temas mais importantes: Análise de Alternativas Econômicas, Best Sellers – Processos e Pessoas, China, Comércio Exterior, Compras, Contabilidade Financeira, Contabilidade Gerencial, Custos Industriais, Desenvolvimento de Competências, Desenvolvimento do Produto, Eficiência dos Processos, Estrutura Organizacional, Ferramentas da Qualidade, Gestão de Estoques, Gestão de Pessoas, Gestão do Tempo, Indicadores Econômicos da Atividade Industrial, Lean Manufacturing, Liderança Eficaz, Logística, Manutenção Industrial, Marketing, Modelo de Gestão, MRP – Manufacturing Resource Planning, O Uso Do E-mail Nas Organizações, O Desperdício de Tempo no Trabalho, Pensamentos Motivacionais, Planejamento Avançado da Qualidade do Produto (APQP), Planejamento da Demanda, Planejamento Estratégico, Política de Estoques, Pós-Vendas, Princípios de Gestão, Qualidade Total, Reuniões Eficazes, Sistema de Gestão da Qualidade, Six Sigma, Sustentabilidade, TPM – Manutenção Produtiva Total, Transportes, Tributação, Vendas.

O livro "Matemática Financeira Descomplicada", que é um manual prático, traz para você os fundamentos e principais conceitos da matemática financeira, com explicações objetivas e simplificadas. Afinal de contas, seja para analisar a melhor alternativa de investimento, ou para definir a melhor opção de compra, são muitas e variadas as oportunidades para a utilização dos conceitos da matemática financeira no dia a dia.

É indicado para estudantes e profissionais que necessitem conhecer e aprender os principais conceitos da matemática financeira. Também é indicado para quem quer obter conhecimento para uso geral, do dia a dia, a fim de conseguir entender melhores alternativas de aplicação financeira, ou de compras de produtos, por exemplo, para comparar e avaliar alternativas à prazo e à vista, entre outras.

Algumas das características desta edição:
- Para cada novo conceito, o livro traz exemplos de aplicação ou simulações;
- Os exercícios resolvidos apresentam tanto as resoluções matemáticas, quanto as resoluções com a HP 12C (demonstração "passo a passo" e "tecla a tecla"), além de mostrar o uso das tabelas financeiras;
- O livro conta com uma seção ilustrada, para iniciantes na HP 12C;
- Tabelas-resumo, com fórmulas e principais conceitos;
- Tabelas financeiras para facilitar os cálculos e permitir resolver questões com o uso de calculadoras comuns.

No "Guia Prático de Finanças do Dia a Dia" você vai conhecer várias maneiras para usar o seu dinheiro com critério e discernimento, com o objetivo de conquistar uma vida financeira mais saudável!

Veja alguns dos tópicos abordados neste livro:
- Como calcular o valor da multa e juros de um boleto?
- Como calcular o valor futuro de aplicações financeiras?
- Como avaliar a melhor alternativa de investimento?
- Como calcular um aumento acumulado?
- Inflação x Ganho real?
- Pagar à vista ou a prazo? O que é melhor? E quando?
- Quais são os tipos de crédito pessoal e suas taxas?
- Como calcular os juros do cheque especial e do cartão?
- Como planejar financeiramente uma compra ou poupança?

E mais, conheça os 8 Mandamentos das Finanças do Dia a Dia, baixe gratuitamente a calculadora financeira em planilha eletrônica (ensinaremos, no livro, o passo a passo para você poder usá-la) e a planilha de controle de finanças domésticas!
Reformule sua maneira de comprar e investir, reveja sua forma de usar o dinheiro, adquira o controle de suas finanças! Compre agora o "Guia Prático de Finanças do Dia a Dia", e comece já a mudar o seu presente e a construir um futuro melhor!

O que você vai encontrar nesse livro? A resposta rápida é: valiosos insights de gestão!

Este livro reúne artigos escritos em 2018 para o Blog que faz parte do portal GestaoIndustrial.com, e que foram organizados por categorias para otimizar a leitura.

O livro "Falando de Gestão" é indicado a todos que gostam do tema e querem se desenvolver através de insights que envolvem vários aspectos relativos à gestão.

No livro você encontrará os seguintes temas, discutidos através de vários artigos do autor:
- Administração Geral
- Cultura Organizacional
- Desenvolvimento Profissional
- Gestão de Projetos
- Liderança
- Marketing
- Planejamento Estratégico,
- Produtividade
- Qualidade.

Baseado em uma permanência de um mês na China, a trabalho em 2010, eu decidi colocar no papel alguns aspectos interessantes e vários aprendizados dessa interessante e enriquecedora experiência.

Um dos maiores objetivos foi o de dar uma macro perspectiva da forte economia chinesa, e mostrar alguns indicadores chave relacionados a isso. Para uma melhor compreensão dos números, foi feita uma comparação com as economias dos Estados Unidos e do Brasil. Foram atualizados os indicadores em 2015 com a melhor e mais confiável informação que pôde ser encontrada, cujos dados, basicamente, foram coletados da Agência Central de Inteligência Norte Americana (CIA) e do Banco Mundial (WB).

Esse livro, escrito em inglês, pode-se dizer que é como um álbum de viagem, com informações técnicas e interessantes sobre a economia e o povo chinês.

Este é o segundo livro da série "Falando de Gestão", que apresenta vários insights de gestão, e nesta edição, reúne os artigos escritos em 2019 para o Blog que faz parte do portal GestaoIndustrial.com, os quais estão todos organizados por categorias para otimizar a leitura.

Os livros da série "Falando de Gestão" são indicados a todos que gostam do tema e querem se desenvolver através de insights que envolvem vários aspectos relativos à gestão.

Neste livro você encontrará os seguintes temas, explorados através de vários artigos do autor:
- Administração Geral
- Cultura Organizacional
- Desenvolvimento Profissional
- Liderança
- Marketing
- Planejamento Estratégico,
- Produtividade
- Qualidade.

Este é o terceiro livro da série "Falando de Gestão", que apresenta vários insights de gestão, e nesta edição, reúne os artigos escritos em 2020 e 2021 para o Blog que faz parte do portal GestaoIndustrial.com, os quais estão todos organizados por categorias para otimizar a leitura.

Os livros da série "Falando de Gestão" são indicados a todos que gostam do tema e querem se desenvolver através de insights que envolvem vários aspectos relativos à gestão.

Neste livro você encontrará os seguintes temas, explorados através de vários artigos do autor:
- Administração Geral
- Cultura Organizacional
- Desenvolvimento Profissional
- Gestão de Projetos
- Liderança
- Marketing
- Planejamento Estratégico,
- Produtividade
- Qualidade.

O processo cognitivo do desenvolvimento de competências depende necessariamente da memória, ele está baseado no que eu chamo de círculo virtuoso do estudante de sucesso: estudar, compreender, e memorizar! Portanto, sem memorização não há conhecimento. Veja que as pesquisas de Ebbinghauss mostraram que em condições normais, após 2 dias, a lembrança do que havia sido previamente memorizado tende a ser menos de 30%, por isso as técnicas adequadas e a correta metodologia do estudo pode proporcionar um rendimento e uma eficiência muito maiores.

No livro "Técnicas de Memorização para Estudantes" você vai conhecer os Mandamentos da Boa Memória (hábitos para criar uma boa memória), as Dicas de Memorização (*insights* para turbinar a memorização), e os Métodos de Memorização (sistemas estruturados para memorizar desde pequenos até grandes conteúdos) aplicados ao estudo do conteúdo do ensino médio (o que facilita o entendimento para a grande maioria das pessoas) e, com extrema facilidade, você conseguirá criar seus próprios "pregos" mnemônicos para outras matérias e necessidades.

As técnicas apresentadas se aplicam às mais variadas necessidades de memorização, seja ou não estudante, inclusive com excelente aplicação no âmbito profissional, no dia a dia do trabalho.

 Esta é a tradução que fiz, a partir do original italiano, deste grande clássico da moderna filosofia política, e que é um dos livros mais lidos e traduzidos de todos os tempos. O livro "O Príncipe" é um tratado político em que Maquiavel ensina como conquistar e manter o poder, demonstrando, com abundantes exemplos, as melhores estratégias, analisando os erros e os acertos dos príncipes, e dando orientações sobre as melhores formas de governar.

É melhor ser amado ou temido? Por que não se deve deixar ser odiado pelas pessoas? O quanto a sorte influencia os acontecimentos, e como reduzir seus efeitos? Por que as pessoas apoiam os oportunistas? Por que, e como, deve-se evitar os bajuladores? Que cuidados devemos ter ao escolher os ministros de governo, e o que fazer para mantê-los fiéis? Tudo isso, e muito mais, Maquiavel nos explica em detalhes, ao longo dos 26 capítulos de seu livro.

Esta edição apresenta o texto completo, numa linguagem atual, fácil de entender, e fiel ao estilo e ao pensamento do autor. Inclui, ainda, uma seção com informações sobre os personagens que são citados no livro por Maquiavel. Tudo isso para você ter um excelente entendimento do texto original de um dos maiores clássicos da literatura.

www.ingramcontent.com/pod-product-compliance
Lightning Source LLC
Chambersburg PA
CBHW020857180526
45163CB00007B/2540